内藤 忍

60歳までに1億円つくる術

25歳ゼロ、30歳100万、40歳600万から始め

幻冬舎新書
148

60歳までに1億円つくる術／目次

編集協力　長山清子
図版作成　堀内美保(TYPE FACE)

序章　「今の自由」を手に入れるために

なぜ「六〇歳までに一億円」なのか？

「六〇歳までに一億円」

このタイトルを見て、どう思いましたか？

「この不景気の時代に、何を言っているんだ。一億円なんて無理に決まっている」

と反発を覚えた後で、

「でもひょっとしたら、一攫千金のうまい儲け話が書いてある本かもしれない」

そう思ってこの本を手にとったのかもしれません。

いきなり出鼻を挫くようで恐縮ですが、誰もが絶対一億円必要なわけではありません。一億円は「これだけあれば、老後はまったく心配ない」という象徴的な金額として掲げたものです。

もちろん本書では実際に一億円をつくるためのプランもお見せします。しかし、金額そのものが重要なのではありません。自分だったら「いつまでにいくら」必要なのか。それがわかって、実現に向けて行動を始めてもらうことが、本書の大きな目的です。

今日より明日がよくなると思えない

二〇〇八年に起きた世界的金融危機のあおりを受け、日本中がお金に関して悲観的なムードに支配されています。しかし金融や投資の仕事を二〇年やってきた私には、みんな悲観しすぎているように見えます。自分の身を守るための危機感は持つべきですが、必要以上に深刻になることはありません。

また、日本では将来に対して過剰に不安を感じている人が多いような気がします。その傾向はとりわけ若者に顕著です。

私は今四〇代半ばですが、二〇代の人たちに話を聞くと、「お酒を飲まない」「車に乗らない」「ひたすら貯蓄する」という人が増えています。

しかも、「いつから老後の計画を立てますか」と聞くと、「二〇代から」と答える人が全体の五三％を占めるという調査結果もあります。

これはやはり彼らが物心ついたときから厳しい経済環境で、いい時代を全然知らないのが大きな理由でしょう。景気は常に悪く、就職は大変で、給料は安く、年金制度はあてにならない。就職できたとしても終身雇用が保証されているわけでもなく、会社にいても給料は下がる一方かもしれない。子どものころからずっとこんな社会状況では、明日は今日よりよくなるという発想を持てないのも当然かもしれません。

お金を使わなすぎても不幸になる

高度成長期までの日本では、会社にいれば年功序列で出世して、定年になればまとまった額の退職金をもらえるのが一般的でした。それに企業年金と国の年金を合わせれば、ものすごく豊かではないにせよ、それなりの生活はできる。これで家のローンの返済が終わっていれば家賃はいらないからさらに余裕ができる。ほんの数十年前までは、真面目に働けば、そんな豊かな老後が約束されていたのです。

ところがこの生活設計が成り立たないとなれば、話は違ってきます。今の若者が「将来どうなるかわからないから貯金しよう」と、極端な節約志向に走り始めたのは環境が変わってきたからです。

しかし、海外旅行にも行かないし、友達と飲みにも行かない。成績がよいほうが就職に有利だから大学の授業には真面目に出席するけれど、終わったらさっさと帰ってバイトに行く。私は若者のこんな傾向に、危険な兆候を感じています。

お金を使いすぎて一文無しになるとか、消費者金融で借金地獄に陥るとか、「使いすぎ」

の恐ろしさはイメージしやすいのですが、実はこのような「使わなすぎ」も不幸な人生をもたらす生き方なのです。

ある程度年をとってからならともかく、まだ若いうちから「できるだけお金を使わず生きることこそすべてに優先する」という発想になってしまうと、自分で自分の可能性をせばめてしまう。とにかく一円でもムダなお金は使わず、人づきあいもせず、ひたすら将来のために貯めておくだけでは、結局は辛いことばかりの人生で終わってしまいます。

「死ぬときが一番お金持ち」ではつまらない

私はお金を「人生の目的達成のための手段」だと考えています。そのためには使うべきことには思い切って使わなければ、チャンスを逃すことになります。

たとえば若いうちに学校に通って資格をとっておいたほうが高収入の仕事につける。そのときは学費がかかっても、最終的には学費以上に収入が増えるかもしれません。あるいは、若いうちに多くの人とつきあい、その人間関係から学んだことが、将来の大きな財産になる。

もちろん浪費はよくありませんが、悔いのない人生を生きるためには、ある程度お金を使っていろいろな体験を積むことも必要です。

消費するか貯蓄するかという二者択一は、今お金を使うか、それともお金を使う機会を先に送るかの選択とも言えます。

使いすぎも、使わなすぎも、現在のために使うべき分と将来にとっておく分のバランスがとれていないために起こる悲劇です。

よく「あの世にお金は持っていけない」と言います。たくさんお金を残したまま死んでしまったら、何のために節約してきたのかわかりません。あまりにも切り詰めていたら、「世の中にはこんな楽しみがある」ということを知らないまま死んでいくことになる。年をとって体の自由がきかなくなればできることも限られてきますから、必要以上にお金を持っていたって意味がない。「子どもが相続するからいい」と思うかもしれませんが、相続税でかなりの額を国に没収されてしまいます。もし身寄りがなければ、全額、国のものになります。

ところが日本の年代別金融資産残高の統計を見ると、五〇代、六〇代、七〇代と、年齢が高くなるにつれお金持ちになっていきます。「死ぬときが一番お金持ち」というのが現実なのです。

若者に限らず、日本人には心配性なところがあって、「お金を適切に使って、今を楽しみながら生活する」というよりは、「できる限りムダ遣いをせず将来に備えて倹約しよう」という考え方が根強い。結局そのことで安心どころか不幸になってしまうのです。

不安にはきちんと向き合うのが一番合理的

将来が不安になるのは、自分自身に原因があります。自分の経済的な現状をきちんと把握していないからです。不安がる前に、紙とペンと電卓を持って収入と支出を計算してみれば、案外やっていけるということに気づくはずです。

きちんと現実を把握できていないのは、自分のお金についてだけではありません。日本経済全体についてもそうです。最近は特に悲観論ばかりが目につきますが、そんなに日本はダメなのでしょうか。

たとえば日本経済が低迷しているのに円高になることがあります。「なぜ円高なのだろう」と不思議に思ったことはありませんか。マスコミは、「日本は経済成長率が鈍化して景気が悪いし、政治も三流だ」と言います。しかしそれでも円高であるとは、投資家が円を相対的に信頼できる通貨だと思って買っているということです。それは単純化すればこんな理屈です。

「アメリカもひどいし、ヨーロッパもひどいけれど、日本のほうがまし」

消去法ではありますが、日本はほかの先進国より悪くない。だから円が買われて円高になるのです。グローバルな経済の動きを知らないと、為替や株の動きを理解することはできません。

また日本政府は財政赤字を増やし続けていますが、それを助けているのは日本の個人の金融資産です。個人が持っている富の蓄積が円の相対的な信用につながっているのですが、それを意識している人はあまりいないようです。

個人金融資産は、戦後の経済成長の中で日本人が働いて稼いできたものです。しかしその巨額の資金が金利の低い国内に滞留し、日本人の多くは毎日の生活を悲観的に考えている。私から見ればなんだか滑稽な状態です。

将来を悲観して一円二円を節約することではなく、この低金利で滞留している金融資産の有効活用を考えることこそ、今日本人がすべきことなのです。

具体的な方法はこれから本書で説明していきますが、大切なことは、漠然とした不安を抱え込んだり、問題から目をそらして先送りにしたりすることではなく、不安の原因を直視し、具体的な解決法を考えることです。

「若いうちから、老後のお金を心配してもしょうがない」「そんな後ろ向きの発想はよくない」と、不安に思うことそれ自体を否定する人もいるでしょう。

しかし、現に今、不安を抱いている人に対しては、賢明な考え方とは思えません。「将来のことはわからないから、そのときになったら考えよう」と先送りするよりは、不安にきちんと向き合って、それを解消するための方策を考えるほうがはるかに合理的です。

将来への不安を解消できれば、今をより楽しく充実して過ごせるようになります。将来のために今を犠牲にするのでなく、将来の安心を確保することで、今の自由を手にする。本書で私が提案するのは、そのような、アクティブな老後の資産設計なのです。

額に汗して得たお金だけが尊い？

「お金の不幸」を招いてしまう原因は、私たちがお金について正しい知識を持たないことにあります。本当は、お金についての適切な知識こそ、世の中を渡っていくうえで最も重要なスキルであるはずなのですが、子どものころ両親や先生からお金の話をきちんと教えられた経験のある人は少ないと思います。

お金の教育をするどころか、もともと日本人は、お金をネガティブなものとしてとらえる傾向があります。子どものころ、「お金は汚いものだから、お金を触った後は手を洗いなさい」と親に言われたことがないでしょうか。確かにたくさんの人の手を渡り歩いてきた紙幣や硬貨は清潔とは言えません。しかしそれだけではなく、「お金は汚いもの」というセリフには精神的な意味も込められているように思います。

またお金のことを話題にするのも、あまり上品ではないとされています。積極的にお金の話をする人は、損得勘定ばかりしているセコい人物であると見なされてしまう。

さらに投資に対する偏見もあります。いまだに投資はギャンブルと同じだと思っている人は少なくありません。「働いて得たお金は尊いけれど、投資で儲けたお金はあぶく銭」という考えが依然としてあります。だから電話一本で百億円単位のお金を動かしている投資家を見ると、「そんなラクしてお金儲けしていいの？　そんなことより、もっと額に汗して働くべきじゃないの」と言いたくなってしまう。

ご飯の炊き方と同じぐらい大事なお金の知識

このようなお金に対する偏見からか、日本の学校では、お金の教育がほとんどされていません。最近でこそ少しは耳にするようになってきましたが、現状では極めて少ない。

かつてマネックス証券で、こんなイベントを行ったことがあります。東京証券取引所に小学五年生から中学二年生の子どもたちを集め、保護者も参加する授業参観のような形にして、「株のがっこう」を開いたのです。

まずマネックスの社員が「株とは何か」を子どもにもわかるように説明し、次に「モスバーガーとマクドナルドの株、どっちを買う？」というケーススタディをします。両社のメニューや、料金表、店舗数、社長の顔写真などのデータを配り、それをもとにグループごとに話し合う。

「ポテトがおいしそうだからマックの株を買う」

という小学生らしい分析もありましたが、「店舗数が多いから」「利益が少ないから」とか、大人顔負けの鋭い分析をする子もいて、お金の仕組みを理解する第一歩になったと思います。

この「株のがっこう」は当時マスコミでもかなり話題になったのですが、「小さいころからこんなことを教えたら、子どもはラクをしてお金が儲かると思ってしまう」という意見や、「証券会社が将来の顧客を青田買いしている」という批判もありました。それぐらい、お金の教育には強いアレルギー反応を示す人が多い。これではほとんどの人が、お金について大切なことを知らないまま大人になってしまうのも無理はありません。

たとえば住宅ローンを借りると、一生でいくら支払うことになるのか。

消費者金融でお金を借りるとどのぐらいの金利を払うのか。

カードで買い物したときリボ払いを選ぶと、元本に対して支払金額はいくらになるのか。

自己破産してしまったらどうなるか。

投資に関して教えるかどうかは別としても、このような最低限のマネーの知識は、リテラシー（基本的な能力）として、小さいころから教えるべきだと思います。つまり「お金を借りすぎてはいけません」とか、「入ってきたお金の範囲内で生活すれば大丈夫」といった基本的なことは、ご飯の炊き方などと同じレベルで、社会の常識として教えるべきではないでしょうか。

国をあてにしない老後の生活を考える

では、いったい老後資金はいくらあれば安心できるのでしょうか。

厚生労働省のデータを見ると、一カ月に必要な生活費は夫婦二人で三〇万円ぐらいです。

一方、公的年金など入ってくるお金は平均で二〇万円ぐらい。そのマイナス一〇万円を埋められれば、老後はなんとか安心だと言われています。

ところが、この年金の二〇万円がなくなる可能性があります。二〇年後や三〇年後には、五万円に減っているかもしれないし、もしかしたら三万円になってしまうかもしれない。そうだとしたら、とりあえず一カ月に必要な生活費三〇万円全額を自分で用意しておいたほうがいい。もう国に頼らず、全部自分で年金をつくる究極の形です。

このように備えておくべき金額が具体的に見えてくれば、そのために必要な老後資金以外のお金は、全部今使ってもいいことになります。たとえば三〇歳の人が、これから毎月五万円積み立てして運用し、六〇歳のときに毎月三〇万円使える元手が手に入る計画を立てたとします。それなら給料から五万円だけ引いて、残りを全部現在の生活を充実させるために使えばいいのです。

この計画を立てないから、五万円では足りないような気がして、生活を切り詰めて七万円も一〇万円も貯金してしまう。しかもただ貯金しているだけなので、微々たる利息でお金は全然増えず、老後資金としても足りないという、悲惨な事態が起きてしまうのです。

資産づくりは大学受験と同じ

そうならないためには、計画をきちんと立てることです。

大学受験の勉強をするときに、計画も立てず根性だけで勉強する人がいます。一ページ目から参考書を丸暗記したり、一日二〇時間ぶっ続けで勉強したりする。これでは努力のわりに成績が上がりません。

それよりはまず「△△大学現役合格」と具体的なターゲットを設定する。そうすれば、「そのためには現在四五の偏差値を六〇まで上げないといけない」などと、具体的な努力目標がわかります。そうしたら「自分は国語が弱いから、国語の偏差値をいくつ上げよう」などと、具体的な行動が明確になります。

ゴールとそこにいたるまでの道筋ができていれば、たとえ一〇〇%その通りにはいかないとしても、とりあえず「今日の分の勉強が終わったからこの後は少し息抜きしよう」という余裕ができます。ところが計画がない人は、いくら勉強しても不安だから、どこまでやっても受験勉強のことばかり考えなければいけない。

老後資金をつくるのは受験勉強と同じです。

もちろん計画を立てて実行すれば絶対に一〇〇%成功するとは言えません。ただ、計画を立てないよりは、立てたほうが合理的です。そしてやってみて途中でおかしいと思ったら、計画を変えればいいのです。後になって月四万円を投資に回すのでは足りないことがわかるかもしれません。それはそれで、まだ何十年という時間がありますから、修正しつつ進めていけばいい。まずは計画をつくることが大事です。

たとえば二五歳、貯金ゼロから始めるなら……

たとえば今二五歳で、貯金はほとんどゼロ。目標は、六〇歳までに一億円貯めることだとします。

イメージとして、二五歳のゼロから六〇歳の一億円を結ぶ一本の線が引ける。このとき、ただ貯金するのでは、金額は一直線にしかなりませんが、投資の場合はカーブを描いて増えていきます。

なぜなら金利がつくことによって元手が増え、増えたお金がまた増えるという「複利の効果」で加速度がつくからです。したがって早めに始めれば、それだけ増え方も大きい。

大学生に話をするとき、私はこんなふうに説明しています。

「二五歳のときから毎月六万円積み立て、年七％で運用すると、六〇歳のときに一億円になります。ところが五年間さぼって三〇歳から始めると、増えても七〇〇〇万円ぐらいです。一〇年さぼってしまって三五歳から始めると、増えても五〇〇〇万円弱にしかなりません」

つまりスタートが遅れると、結果に大きな差がつくのです（図1）。

ここからも年平均七％のリターンで計算しますが、たとえば三五歳だったら、六〇歳までに二五年あります。三〇〇万円の貯金があったとして、年七％で二五年間運用すると、五・四倍になります。三〇〇万円の五・四倍だから、一六〇〇万円ぐらいです。一億円までにはあと八四〇〇万円つくらないといけません。すると、月一〇万円ぐらい投資に回さないといけないから、これはちょっときつい。

三〇歳で貯金がゼロなら、三〇年後に一億円つくるには月八万円必要です。

四〇歳だとあと二〇年ですから、さらにちょっときつくなる。

あるいは最初の一〇年は月二万円で、一〇年後からは月三万円にして、一五年後からは月五万円にして、二〇年後からは月一〇万円にするというように、徐々に投資額を増やしていく計画も考えられます。

図 1 スタートが遅れると結果に大きな差がつく

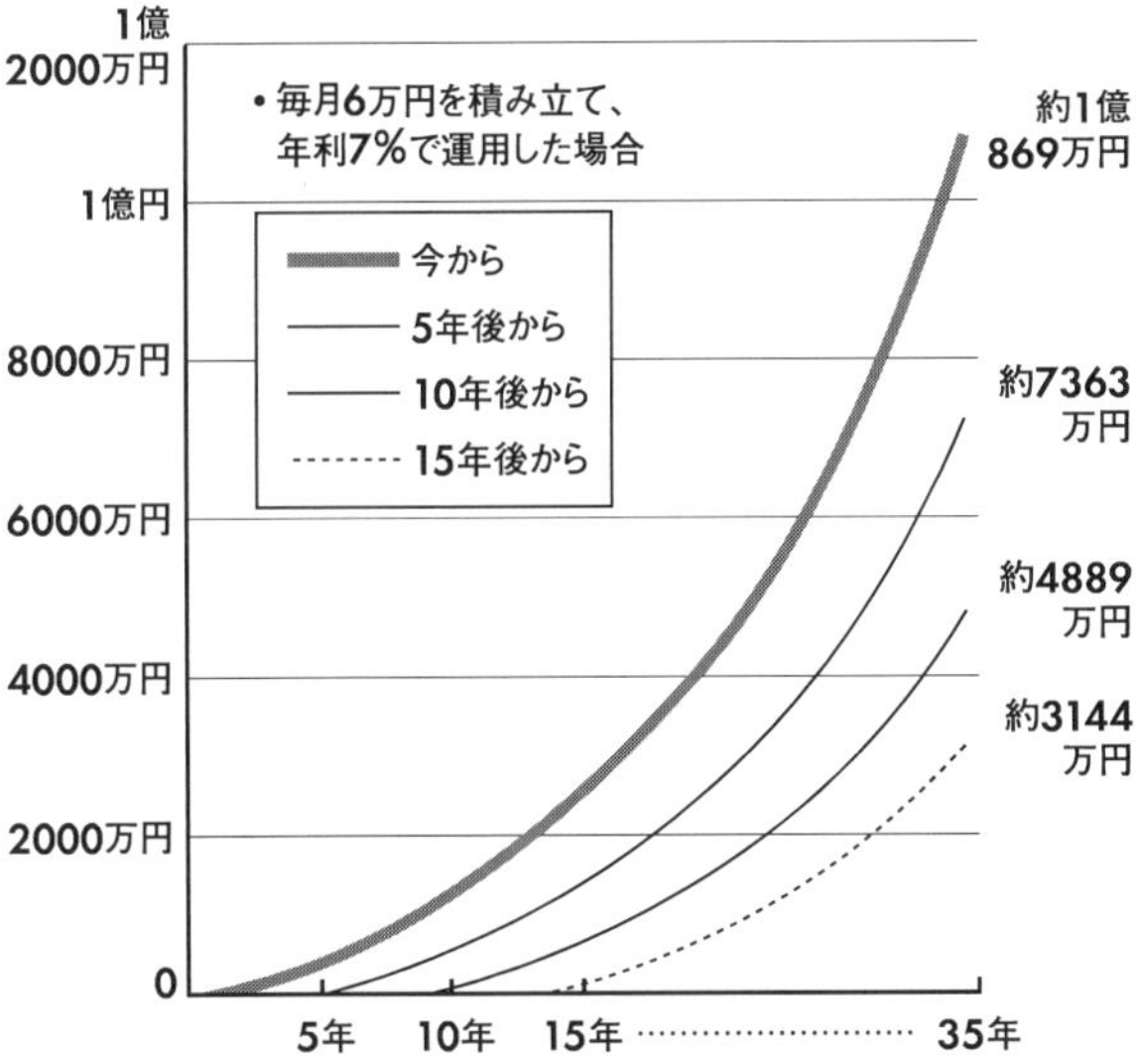

設計図が書ければなんとかなる

もっとも、冒頭でお話ししたように、何がなんでも六〇歳までに一億円を目指さなければいけないわけではありません。

もっとハードルを下げて考えてみましょう。厚生労働省の調査によれば、受けとる年金の平均額と生活費の平均の差をとると、月一〇万円不足でした。老後の平均余命が二〇年とすると、二〇年間、毎月一〇万円ずつ、貯金から引き出していくことになります。二〇年の間、なんとかそれがなくならないようにするのにいくら必要かと言えば、一八〇〇万円あればいい。

毎月一〇万円、一〇万円、一〇万円とバケツで水を汲み出すように使っていきながら、一八〇〇万円を利回り三%で回していると（老後の資産運用なので年平均三%を目指す堅実な方法で運用します）、二〇年分の生活費の不足分が補充できる計算です。

ただしこれだけでは、二〇年たつと本当にゼロになってしまう。八〇歳でちょうど亡くなればいいけれど、もっと長生きするとその後は本当に年金しかなくなってしまうのが問題です。しかしとりあえず一八〇〇万円ぐらいあれば、年金プラス一〇万円の生活が二〇年間続けられることがわかります。

問題は年金を二〇万円もらえるかということですが、あまり最初から悲観的に考えても仕方がありません。それよりまずは投資を始め、それを続けていくうちに、考えていけばいいことです。

このようになんらかの具体的な計画を立ててしまえば、それに沿って実行するだけ。あとは実際にできているかどうか、定期的にチェックしていけばいいわけです。

自分のお金の設計図を書いてみることで、頭の中が随分すっきりしてくるのがわかるはずです。

生活費は三カ月分確保しておけば十分

「貯金がほとんどないのに、投資どころじゃない」という人もいるでしょう。

またこのような時代だと、「もし今、仕事がなくなったとしても、一年は何もしないで暮らせる額を預金で持ちましょう」などという意見もあります。

投資を始める前提として、ある程度の生活費を確保しておく必要があるのは確かですが、私は三カ月分ぐらいで十分だと思います。

毎月の生活費が三〇万円なら、いざというときの備えは九〇万円あれば十分。一年分、二年分の生活費を現金や預貯金で持つのは多すぎます。生活費の二年分なら、一〇〇〇万円近い人も少なくないでしょう。そうしたら一〇〇〇万円貯まるまで、お金は銀行で眠ったままになります。その間に時間はどんどん過ぎてしまいます。

基本的に一〇年以上使わないお金は、全部投資に回していい。ただし三年後に車を買い替えるとか、そういうお金は別にしておきましょう。投資したお金が、三年後に今より増えているとは限らないからです。

早く始めれば始めるほどよいという真実

老後の資産計画を立てるためのポイントは三つあります。

まず、元本をいくら投資するか。

次に、年平均何%で増やすのか。

そして、何年間運用するのか。

この三つですべてが決まります。

年利何%の運用ができるのかという点については、勝手に決めるわけにはいきません。ですが、過去のデータを見れば、ある程度は想定できます。

たとえば三〇歳から始めるとすると、六〇歳までの三〇年あれば毎月一万円ずつ投資していって、七％の利回りで約一二〇〇万円になります。ということは、毎月八万円を投資すれば、三〇年で一億という計算になります。

ただ毎月八万円をいきなり投資にあてるのが大変なら、たとえば最初は四万円にしておく方法もあります。四万円だと、三〇年後は五〇〇〇万円ですが、五年たったら今度はまた二万円追加すると、それで一六〇〇万円ぐらい増えます。それから五年後に二万円増やすと、また一〇〇〇万円ぐらい増える。そのように運用しつつ、同時に増えたお金を元手に回す方法もあります。

ゴールを六〇歳ではなく六五歳にすると、運用期間が三五年に延びるので、月々の投資額が少し減っても一億円のゴールが見えてきます。いずれにしても、長く運用するほど資産を増やしていく複利効果が大きいので、基本的には早く始めたほうがいい。これは変わらないルールです。

「仕組み」をつくって「時間」に任せる

「六〇歳までに一億円の資産をつくる」ために必要なものは何ですかと尋ねられたら、私は「時間」と「仕組み」と答えます。

ここまでお話ししてきたことからわかるように、本書では、「投資」を、資産形成の核として考えています。

投資によって資産形成するためには、元手になる資金が必要です。元手とはいっても何百万円ものまとまった金額がすぐ必要なわけではありません。毎月定期的に一万円、二万円といった金額を、時間をかけて積み立てていけばよいのです。

そのためには、まず毎月の収入を増やし、支出を減らす仕組みを考える必要があります。その具体的な方法は、第2章、第3章で詳しくお話ししたいと思います。

「投資」の基本は、長期分散投資です。その名の通り、長い間続けなければ意味がないのですが、途中でやめてしまう人が多い。

途中でやめてしまう理由は主に二つあります。一つは運用している間に資産が減ってしまうこと。こうなると、「もう儲からない」「今さら投資をやっても意味がない」と投資に失望してしまいます。

本当に自分で冷静に考えた末、もう経済は成長しないし投資には意味がないと思ってやめるのならまだ筋が通っています。そうではなく短期的に損をしたせいで感情的にヤケになってやめてしまうのは、実にもったいないことです。

実は、一時的に少しぐらい値が下がっても、長期的なリターンにはほとんど影響がありません。むしろ下がったときは、逆にチャンスとも言えます。本来一〇〇の価値があるものを、八〇とか七〇とかで、安く買えるからです。それが本来価値の一〇〇に戻る過程で利益を得られるのですが、心理的に落ち込んでしまうと、なかなかそう考えられません。

このような、投資をしているときに陥りがちな心理とコントロール法についても、のちほどあらためてお話しします。

最強の継続ツールは「オリジナル投資手帳」

続かないもう一つの理由は、面倒くさくなってしまうことです。始めたばかりのころは、みんな張り切っています。資産を種類別に分けてエクセルで表をつくったりするのですが、だんだん見直すのが億劫になって、一年ぐらいたつと自分でも何を持っているのか管理しなくなってしまいます。

長期分散投資の場合、チェックは年に四回程度でいいのですが、いつでもできると思って、ついつい後回しにしてしまう。パソコンのエクセルを開くだけのことが、面倒になってできない。資産が減ってしまったりすると、さらに見るのが憂鬱で、余計やる気がなくなります。

あらためてお話ししますが、以上のような挫折の危機を乗り越えるのに効果的なのは、「必ず年に四回、この日になったらやる」と決めるといった、続けるための「仕組み」をつくることです。

一度のチェックに一時間も二時間もかかると、まず見直さなくなりますから、すぐできるようにチェックの手順を単純化しておく必要もあります。さらに下がったときでも心理的に続けられるような工夫があるといい。そこで私が考えたのは、手帳です。

手帳ならたいていの人が必ず毎日開きます。そのついでに投資の状況はどうなっているか確認すればいい。そこで『内藤忍の資産設計手帳のすすめ』（ダイヤモンド社）という本を書いて、誰でもオリジナルの投資手帳をつくれる方法を紹介しました。

すると今度は、その手帳をつくるのが面倒くさいという声も上がり始めました。では、手帳そのものを本にしようという発想で、『知識ゼロ、経験ゼロ、10万円からはじめる 内藤忍の投資手帳』（ディスカヴァー・トゥエンティワン）を出しました。この手帳を使わなくても投資はできますが、このようにいつでも見られるようにする工夫は大切です。

資産管理のツールは常に目の届くところにあることが大事です。さらに取引の記録がきちんと時系列で見えると、わかりやすくていい。だから資産を長期で管理する仕組みとしては手帳がベストだと思っています。

第1章 お金の基本原則を押さえる

必要なお金を手に入れる三つの方法

日本人には、リテラシーとしてのお金の知識が不足しているとお話ししました。そこでまずこの章では、押さえておくべきお金の基本知識について、説明することにします。

毎日生活をしていると、自分のお金を使ったり、稼いだお金が入ってきたりと、自分の持っているお金が増えたり減ったりします。必要なお金を手に入れるためには、持っているお金を増やさなければなりませんが、そのための三つの方法をまとめたのが、〈お金の方程式〉です。

〈お金の方程式〉とは、

将来のお金（目標）＝（(収入－支出)＋資産）× 運用利回り

です。将来に必要なお金は、資産、収入、支出、運用利回りで決まるということです。

この中で資産は今持っているお金のことですから、変えることはできません。私たちが、これからのお金とのつきあい方で変えられるのは、収入、支出、運用利回り、の三つです。収入を増やすにはビジネススキル、支出を減らすにはライフスキル、そして運用利回りを上げるにはインベストメントスキルが必要になります。この三つの具体的な方法は第2章以降で説明しますが、それぞれをバランスよく改善していくことで、無理をしないでお金を手に入れることができるようになります。

お金は「フロー」と「ストック」で管理する

「お金の方程式」に基づいて行う個人のお金の管理方法には、基本原則があります。その一つは、「お金をフローとストックで管理する」ということです。

お金の管理についての悩みを尋ねると、多くの人は、「自分のお金が今どうなっているかわからない」と言います。自分のお金の現状を把握しないまま資産設計を始めても、穴のあいたバケツで水を汲むようなもので、あまり効果は上がりません。また、投資を始めていない人、投資をする余裕がない人でも、ここをきちんと管理できるようになると、それだけでもお金が貯まります。

フローとはお給料とか家賃とか食費とか、出たり入ったりしながら流れていくお金です。

ストックは、貯金のようなすぐには動かないお金です。投資とはストックのお金の活用法のことです。なぜならこの本で想定している投資とは、少なくとも一〇年や二〇年は動かさない長期分散投資だからです。

ストックについては、減らないに越したことはないのですが、「今月は増えた」とか、「今月は減った」という短期的な変動をあまり気にする必要はありません。仮に半分になってしまったとしても、別に今使うわけではないのであれば、直接の打撃はありません。「自分が使うときまでに増えていればいい」という考え方ができるからです。来年使うお金だったら気にしなければいけませんが、そもそもそういうお金で投資をやるべきではないのです。先ほどもお話ししたように、投資に回してよいのは、最低一〇年ぐらいは使わないお金です。

ストックに関しては、ちゃんとリスクが管理されているか、思った通りに資産配分できているか、などの現状を把握しておくことが大事です。

逆にフローに関しては、「入るほうが出ていくよりも常に多い」という状態にすることが最も重要です。

フローは、給料のような「入ってくるお金」と、家賃や食費、光熱費、携帯電話代など

図2 フローとストックを分けて考える

・フローの管理（銀行口座）

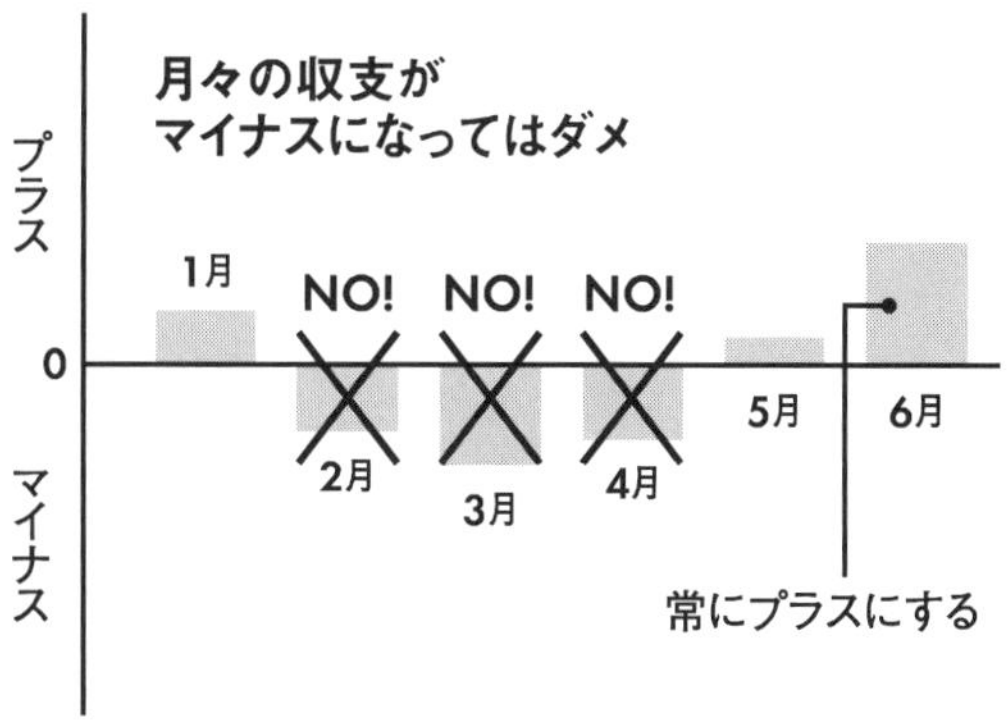

・ストックの管理（証券口座）

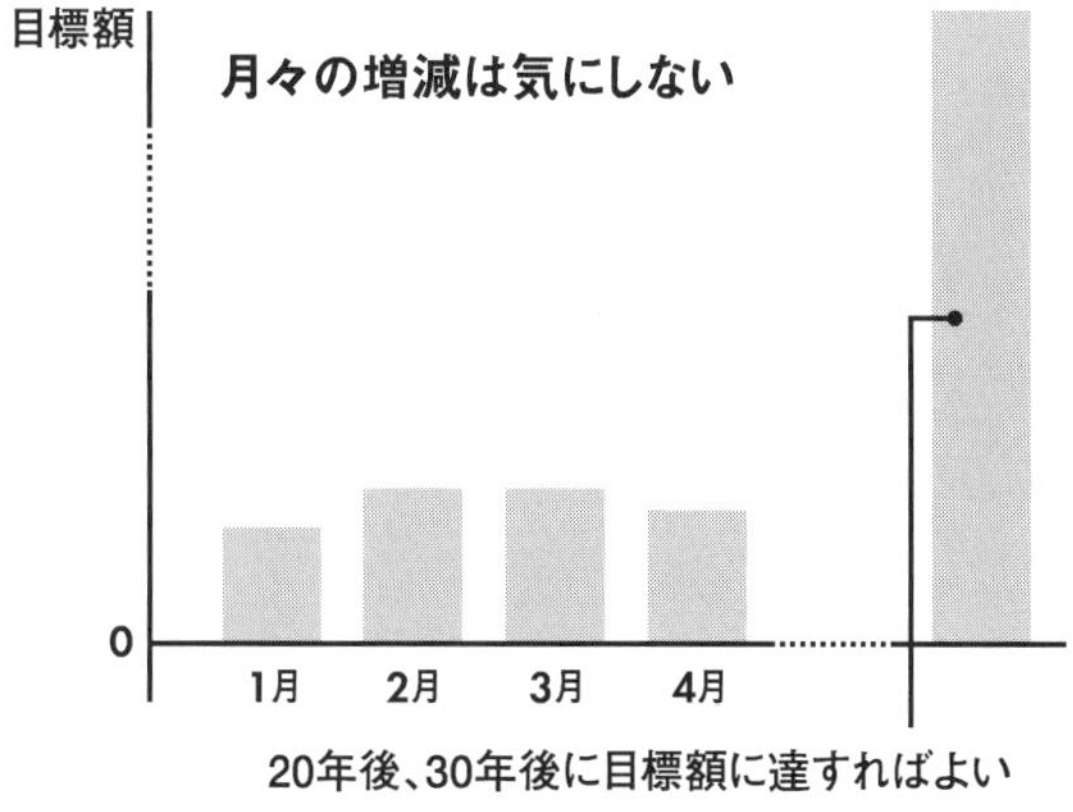

の「出ていくお金」との差し引きで考えます。

フローさえプラスになっていれば、多少ムダ遣いしてストックが減っても困ることはありません。フローがプラスの状態で回っているかぎり、ご飯が食べられなくなったり、家賃が払えなくて追い出されたりすることなく、普通の生活を営むことができます。投資で損をしていても、毎月の支出が自分の収入の範囲内におさまっていれば、家計は破綻しないのです。

まずはフローを常にプラスで回すことから

大切なことは、フローとストックを混同しないことです。

ストックが減ると、あわてて毎月の生活費から補塡《ほてん》する人がいますが、その必要はありません。適切な方針に基づいて投資を行い、フローさえ黒字になっているのなら、ストックはいずれちゃんと増えてくると考え、一喜一憂しなくていいのです。

逆にフローが赤字で給料日前になると毎月お金が足りなくなるような生活は、すぐにあらためるべきです。

もう何年も投資をしている人でも、フローの話は苦手だという人が少なくありません。

自分が毎月いくら使っているかわからないという人もいます。しかしフローを管理し、入ってくるお金と出ていくお金の差額分をストックに回すことが、老後に向けて確実に資産を増やす投資生活の大前提です。せっかくストックを増やそうとしても、毎月のフローの赤字補塡に使ってしまっては、穴のあいたバケツで水を汲むようなものです。

また、フローの赤字を、ストックを切り崩すのではなく、投資のリターンでカバーしようとするのも、続けるのが難しく、よくありません。投資で増えた収益を、生活費に流用するなど、フローに入れてしまうのもダメです。そのような混同をしていると、どうしても短期で利益を出そうとしてしまい、長期分散投資の原則から外れていくからです。

家計簿はつけなくていい

「フローの管理をしなさい」と言うと、決まって「家計簿をつけなければいけませんか？」と聞かれます。

もちろん几帳面な性格で、きちんとつけられる人はいいでしょう。しかし、ほとんどの人は面倒くさくてできればやりたくないと思うのではないでしょうか。そういう人は、無理につけなくてもまったくかまいません。私も家計簿はつけない主義です。

家計簿をつけなくても、収入と支出のバランスがわかるような仕組みを整えればいいのです。

私が実践しているのは、銀行口座を一つにまとめてしまうことです。給料も副収入も全部その口座に入金されるようにし、クレジットカードや公共料金の引き落としも、現金を下ろすのも、すべてその口座からにします。

そうすれば、「入ってくるお金」も「出ていくお金」も、すべてその口座で差し引きされるので、毎月のフローが赤字なのか黒字なのかがすぐわかります。たとえば先月末は残高が一〇〇万円だったのに今月末は九〇万円になっていたら、その月は一〇万円の赤字ということです。

チェックするタイミングによって多少凸凹しますが、三カ月ぐらいのスパンで増えたり減ったりするトレンドを見ていれば、使いすぎなのか、だんだん貯まっているのかがわかります。

そして、「何にこんなに使ったんだろう」と思ったら、通帳を見れば用途がだいたいわかります。「クレジットカード二〇万円」と書いてあったら、今度はクレジットカードの明細を見ればいいのです。

一人で銀行口座をたくさん持っていて、A銀行は給料振込、B銀行は家賃引き落とし、C銀行は公共料金の引き落とし、とお金の出入り口がいくつもあると、お金の出入りがわかりません。まずは銀行口座を一つにすることから始めましょう。私もかつては複数の口座を持っていましたが、今口座があるのは常用と予備の二行だけです。

銀行口座を一つにすれば、何か買うたび一つひとつ手帳にメモしたり、エクセルに入力したりしなくても、およその額と使い道が一元管理できます。だから家計簿は不要です。

もちろん、「つけるのが楽しい」とか、「レコーディングダイエットのように、出費を書き出してムダ遣いを戒める」というのであれば、つければいいと思います。しかし「月末に帳尻が合ったためしがない」とか、「レシートが散逸してしまってワケがわからない」などと言いながら、イヤイヤつけるのであれば、時間のムダです。それなら、出入りの部分だけきっちり管理し、あとはストックの投資のほうに時間とエネルギーを割くのが賢明です。

給料日、ATMに行列するのをやめる

銀行口座の話をするたびに不思議に思うことがあります。どうして銀行のATMに、給

料日になると行列する人がいるのか、ということです。毎月二五日の昼休みにメガバンクのＡＴＭには長い行列ができています。お金を引き出すためだけに、何十分も並んで、貴重な一時間のお昼休みをムダにしているのです。お金のフローを管理するのに、なるべく時間と手間をかけたくないのであれば、お金は銀行ではなく、コンビニの店頭で下ろすべきです。ネット銀行や店舗数の少ない銀行には、コンビニと提携して無料で入出金が二四時間できるようにしているところがあります。

たとえば、私が使っているのは新生銀行です。ここはネット銀行ではありませんが、店舗数が少ない分、セブン-イレブンにあるセブン銀行のＡＴＭなら二四時間いつでも無料でお金の出し入れができます。コンビニのＡＴＭなら、ほとんど並ぶことはありません。わざわざお金を下ろすために行くのではなく、コンビニでの買い物のついでに下ろす習慣をつければ、もし並んでいても先に買い物を済ませればよいのです。

銀行の普通預金は一〇〇〇万円とその利息までは政府が保証しています。大きな銀行で安心だから、と考える必要はないのです。それよりもいつでもすぐにお金が引き出せることのほうが大切です。

フローは銀行口座、ストックは証券口座で管理

ストックの管理は、ネット証券で行います。

私はフローの口座である新生銀行にあるお金は二〇〇万円を下回らないようにしておきます。そうしておけば「振込の手数料が五回まで無料」という特典があるからです。そして、五〇万円程度余剰資金がまとまったときに、マネックス証券の口座に送金します。マネックス証券の残高は、定期的に増減をモニターします。増減に一喜一憂することはありませんが、投資のパフォーマンスを分析して、投資先の配分を変更したりします。

このようにして、フローは銀行の中で全部完結、ストックは証券の口座で全部完結させることで、フローとストックを別々に管理することができます。そうすることで、自分のお金が増えないのは、ムダ遣いのせいなのか、投資で損をしているのかといったことがごちゃごちゃになることなく、自分のお金の状態が一目瞭然になります。

「稼ぐ力」「健康」「時間」という見えない資産

一般的にストックと言えばいわゆる金融資産を指しますが、私はお金だけでなく、目に見えない資産もストックに含まれると考えています。「稼ぐ力」とか「健康」とか「時間」

のような、お金に換算できない、将来の収入を運んでくる源のようなものです。

目に見える資産については一喜一憂して、なんとか増やそうとします。ところが自分の稼ぐ力はどのぐらいあるのかとか、どうすればもっとパワーアップできるのかということは、あまり気にしない。でも六〇歳までに一億円の資産をつくれるかどうかには、この目に見えない資産も大きく関わってきます。

まず何より、健康は大きな資産です。健康状態がよくないと、医療費がかかったり、実働時間が短くなってしまったり、日々の仕事での生産性が落ちたりする。健康か不健康かで、収入や支出は大きく変わってきます。したがって、体によい食事をしたり、体力維持を目的に運動したりするためのお金は、ケチらずに、投資と考えるべきだと思います。

「稼ぐ力」も重要です。将来的な投資効果としては、金融資産が一〇〇万円増えるよりも、年収が一〇〇万円増えるほうがはるかに大きい。なぜなら年収は、いったん増えれば当面はそれが続くからです。

これらの目に見えない資産はいくら持っているか、測るのが難しいのですが、「稼ぐ力」については、客観的に測定する方法があります。それはヘッドハンターに会うことです。年に一度くらい定期的に会って、「転職できるいい会社はありますか」「私だったらどのくらいの年俸をもらえそうですか」と尋ねれば、すぐわかります。これは言ってみれば、自分の時価、マーケットバリューです。

「あなたを雇ってくれるところはありません」と言われたら、残念ながらマーケットバリューはゼロということです。

今いる会社の中でしか通用しない仕事をしていると、会社が存続しているかぎりそこにいればいいのですが、会社をやめれば時価〇円です。

また、日本の会社もだんだん能力主義的になってきています。これからは「君は会社に対してこういう貢献をしているから、給料はいくら、賞与はいくらだよ」といった契約スタイルに近づいていくでしょう。自分のマーケットバリューを把握して、それを上げるように努力しないと、稼ぐ力はどんどん落ちていってしまいます。

リスクとリターンは正の関係にある

目に見える資産の話に戻ります。

ストックを増やすための核になる方法は投資です。

私は投資とは車の運転のようなものだと思っています。そのときの交通ルールにあたるのは、お金の基本ルールです。ルールを守って安全運転すれば、誰でも車を便利に使いこなせます。ところが無免許運転で公道を走ると、途端に事故が起きてしまう。これと同様、投資を始めるにあたっては、まずお金の基本ルールを学ぶことが大切です。

基本ルールの第一は、「リスクとリターンは正の関係にある」という大原則です。期待できるリターンが高い商品はリスクも高く、リスクの低いものはリターンも低い。

「ハイリスク・ハイリターン」

「ローリスク・ローリターン」

図3のように横軸がリスクで縦軸がリターンだとすれば、右に行けば行くほどリスクが高く、上に行けば行くほどリターンが高い。

「ローリスク・ハイリターン」はあり得ない

つまり、高いリターンを目指すなら、相応のリスクをとる必要があるということで、投資のプロの間ではよく「ただ飯はない」という言い方をします（英語では「There is no free lunch. フリーランチはありません」と言います）。

しかしそれを知らない人は「ローリスク・ハイリターン」を装った詐欺によく引っかか

図3 リスクとリターンの関係がお金の大原則

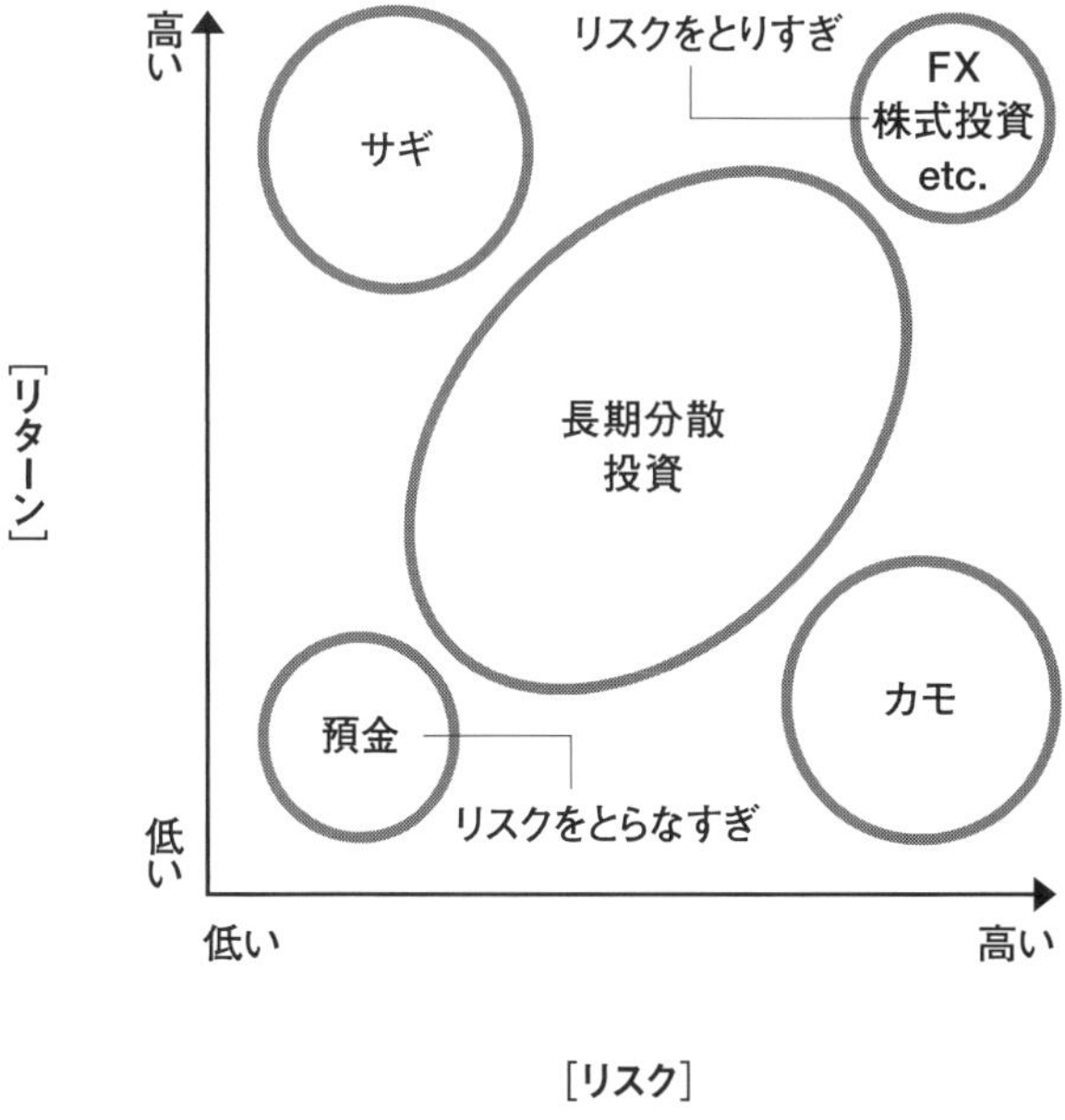

ってしまいます。

二〇〇九年二月に円天という疑似通貨を発行し、年利一〇〇%の金利を保証した詐欺疑惑で関係者が逮捕されました。年利一〇〇%というとんでもないハイリターンを保証しているという時点で、詐欺だと気づくべきです。

この手の詐欺は、何年かに一度、必ず発覚します。オレンジ共済組合とか、フィリピンでエビの養殖で一儲けとか、ファイバーケーブルを日本中にはりめぐらせるための債券を発行するといって高金利をうたった平成電電事件もありました。コスモ信用組合がマンモス定期という金利の異常に高い定期を売り出し、その後まもなく破綻したという事件もありました。

その逆に、リスクが高いのにリターンが低いという商品もあります。図で言えば右下に位置します。これも手を出してはいけないものです。たとえば手数料の高い外貨預金はこれに当てはまります。たとえばポンドの外貨預金には金利六%と、日本の預金より高金利のものがありました。しかし、為替の手数料が一ポンド四円だったらどうでしょう。買うときに四円とられて、売るときも四円とられます。ということは八円円安になっても手数料で全部とられてしまう。ハイリスクでありながら、リターンはほとんど銀行の手数料として吸いとられてしまいます。外貨預金を持っている人は自分がいくら為替手数料を払っているか調べてみてください。

基本ルールを知っていれば、「こんな話、あり得ないよね」とか、「カモにならないようにしなくちゃ」と考えられるのですが、知らない人は「ポンドの外貨預金は金利六％もあるんだ」と喜んで始めてしまう。あるいは「絶対儲かる話があるよ」などと甘いささやきに乗せられて、詐欺に引っかかってしまうのです。

たとえば今の日本の銀行の普通預金の金利は、〇・一％未満の超低金利です。ということは、ほとんどノーリターンです。一〇〇万円預けても、利息は一年で一〇〇〇円未満です。その代わりリスクはほとんどありません。一〇〇〇万円までの元本と金利は日本政府によって保証されているからです。これが「ローリスク・ローリターン」ということです。

逆に「ハイリスク・ハイリターン」とは、たとえば投資したお金が五割増える確率と半分に減る確率が同じだけある、FXのレバレッジ取引のような投資です。

それを承知のうえで、「半分になってもいいから、倍になるほうに賭けてみたい」のならいいのです。ところがハイリターンで倍になることしか想像せず、半分になってしまったときに「こんなはずじゃなかった」と慌てる人が少なくありません。そのような事態は、リスクとリターンの関係さえ理解していれば避けられることなのです。

金融のプロでもリスク管理に失敗する理由

二番目に知っておくべき基本ルールは、「リスクの予測は難しい」ということです。

二〇〇八年の世界金融危機の発端となったアメリカのリーマン・ブラザーズの破綻は、過度のハイリスク・ハイリターンの運用をしていたことが原因です。つまり車の運転で言えば、スピードの出しすぎです。三〇〇キロぐらいの猛スピードで快調に飛ばしていて、気がついたら急に道がデコボコになっていた。もっとスピードが遅ければブレーキもきいたけれど、スピードが速すぎたために中央分離帯にボーンと乗り上げてしまったようなものです。

彼らも金融のプロですから、ローリスク・ローリターン、ハイリスク・ハイリターンの原則はわかっていたのですが、リターンを追い求めるようになって、管理できないリスクをとってしまったのです。

格付機関の評価も間違っていました。サブプライムローンの証券などは、格付機関がAAAの格付をつけ、「この先一〇年間、破綻する確率はほとんどない」とお墨付きをもらい、投資家はこれを信用していました。しかし格付機関は証券化した商品を販売する会社から格付費用を取っていました。これはグルメ評論家がお店からお金をもらって、店の評価をするのと同じ構造です。

リスクの予測は、プロにとっても、ものすごく難しいことです。リスクを測るために頼りになるものは、「今まではこれぐらいまでしか損しなかった」とか、「過去に一番動いていたときでもこのぐらいだった」という過去のデータです。しかし、二〇〇八年に起きた金融危機は、スピードもすごく速かったのですが、「振れ」が今までにないほど大きくなりました。過去のデータから想定できない大きさだったため、耐えきれない投資家が続出してしまいました。

リスクを予測しそれに備えることとは、「これから起こるかもしれない地震の大きさを予測し、それに耐えられる家を建てること」と似ています。たとえば関東大震災の二倍の規模の地震に耐えられる家を建てても、その三倍の規模の地震が起きたら崩壊してしまいます。次は三倍に耐えられる家を建てようということになりますが、もしかしたら五倍の地震が来るかもしれない。それでは一〇倍に耐えられる家を建てるのがベストかというと、来るか来ないかわからない地震のために高い建築費をかけることになり、それもまた現実的ではありません。

投資も同様で、起きる可能性の少ないリスクに過剰に備えると、保険のためのコストがかかりすぎてリターンが上がらなくなってしまう。完璧に地震に備える方法はないように、お金のリスク管理にも、残念ながら完璧な方法はありません。

もちろん地震がある程度予測できるように、統計学のモデルを用いて、リスクを事前に計算することも可能です。しかし現実には想定できない事態が発生するときがあり、そのときには役に立ちません。結局、リスクには備えるべきだけれど、現実的なところで折り合いをつけて、うまくつきあっていくのが大事、ということになるのです。

「時間をかける」「分散する」がリスク管理の鉄則

それでも、リスクをコントロールする有効な方法がまったくないわけではありません。その一つが時間をかけて、しかも投資先を一カ所に集中させず何カ所かに分けて投資する、「長期分散投資」です。

過去にも大恐慌やバブル崩壊など、いろいろな金融危機がありました。このような損失は一年、二年では回収できませんが、五年、一〇年と投資していれば、少しずつ回収できるものです。たとえば一九八七年に、のちにブラックマンデー(暗黒の月曜日)と呼ばれるようになった歴史的な大暴落がありました。このブラックマンデーの前の日に投資をしていたとしても、一五年後にはもとの値段にもどりました。

世界金融危機の起きた二〇〇八年末の時点でも、その五年前から長期分散投資をしていれば、損をしていないという結果があります。長期分散投資の基本は、日本の株、日本の債券、外国の株、外国の債券の四つに投資することですが、それに四分の一ずつ資産を配分していた人は、二、三年前に大きく上昇した時期があったため、二〇〇八年の暴落時に手放しても、長期ではまだプラスになっていたのです。

もちろん、値上がりしたところで投資をやめていればベストだったのですが、それはそれでまた難しい。

リスクの予測は非常に難しいものですが、時間をかけることで対応することができるのです。

「七二の法則」で金利の感覚を身につける

「七二の法則」という有名な法則もあります。

これは、「七二を金利で割ると、元手が倍になるのにかかる大体の年数がわかる」という法則です。

たとえば金利一％の預金にお金を預けておくと、倍になるのに何年かかるでしょうか。七二÷一は七二ですから、倍になるのに七二年かかる。

今日本の普通預金の金利は〇・一％以下です。〇・一％だとしても、七二÷〇・一だと七二〇ですから、倍になるのになんと七二〇年かかる計算になる。

ところが七％で運用すれば、七二÷七だから、一〇・二八五……、だいたい一〇年で倍になることがわかります。二〇年で四倍、三〇年で八倍ぐらいです。したがって今一〇〇万円を投資していれば、三〇年後には八〇〇万円ぐらいになるということです。七％とはかなり高い設定に思われるかもしれませんが、実際に過去のデータで計算してみると、内外の株式や債券に分散して投資をすると、年平均七％ぐらいで運用できたという結果があります。

運用利回りは一％違うだけで、将来、とても大きな差がつきます。しかし、六％と八％でどのぐらい増えるスピードが違うかと言われても、感覚としてわからない人が多いでしょう。元手が一〇〇万円で金利が六%だったら毎年六万円もらえる。これは誰でも考えればわかりますが、「それではその六万円を使わずに、さらにどんどん運用していったら、何年で倍になるのか」とか、「何年で自分が必要としている三〇〇万円まで増えるのか」などと聞かれたときに考えられない。こういうときに、「七二の法則」が役に立つのです。

最も確実にリターンを上げる方法がある!

「コストを下げることは最も確実にリターンを上げる方法である」ということも、お金の基本原則の一つです。

投資には手数料というコストがかかります。

たとえば手数料が三%かかる投資信託を買うと、買った瞬間、リターンがマイナス三%になる。一〇〇万円投資しても、始めた瞬間に九七万円になってしまうのです。ところが、販売手数料のかからない投資信託を買えば、マイナスにならずスタートできます。つまり、同じ日本株のファンドがあったら、手数料のかからないほうを買えば、何もしなくても三%リターンが上がるということです。

したがってコストを下げることは、運用の利回りを上げる一番確実な方法だと言えます。

投資を始めると、みんなすぐに、「もっと運用利回りのいいものはないの？」という発想になるのですが、本当はコストを下げることがリターンを上げる一番の近道です。

でも逆に言うと、金融機関は手数料で儲けているので、コストを下げることの重要性をあまり話したがりません。

ＡＴＭの時間外手数料も、身近なコストの代表格です。よく夜の六時過ぎに「お金、おろし忘れちゃった」などと言って、二一〇円を払って他行のＡＴＭからお金を引き出している人がいます。これはリターンがそのぶんマイナスになるということです。投資リターンという観点から考えれば、いかにもったいないお金の使い方かがわかるでしょう。

人生のリスクをどこでとるか

投資に限らず、すべてのものにはリスクとリターンがあります。投資をリターンではなくリスクから考えるのと同様、人生もリスクを把握することが大切です。その上でどこまでチャレンジするか考えるのです。

リスクに備えるには、考え得る限り最悪のケースを想定しておくことです。

たとえば転職するのなら、

「転職先で実力が発揮できず、三カ月でクビになってしまった」

「転職先の人間関係がうまくいかず、実力を発揮できなかった」

「入った会社が一カ月後に経営破綻した」

というような最悪の状況をシミュレーションし、自分なりの対処の仕方を考えておくことが大事です。

一度の転職でうまくいく人もいますが、うまくいかない場合もあります。日本社会の場合、何度も会社を変わると、そのたびに再就職は難しくなる傾向があります。撃てる弾の数は限られているので、「あと何発撃てるか」を考えておく必要があります。

業種によっても違いますが、一般的には三〇歳前後で一回、三五歳までに一回、二五歳過ぎで一回と、だいたい三発といったところでしょうか。したがって、もう四〇歳近い人であれば、弾は一発しか残されていないということになります。

転職のほかにも、会社で未経験の部署への異動や難しいプロジェクトを任されたり、独立することもリスクです。

年齢が若いほうがやり直しがきくからリスクをとりやすいし、貯蓄がたくさんあることもリスクをとりやすくさせる。また独身のときのほうが、養うべき家族がいないからリスクをとりやすいでしょう。

それから「ギリギリまで耐えられる人」はリスクをとりやすい。「もしダメだったら一文無しになってもいいや」と思っている人は思いきりリスクをとることができます。

逆に「やっぱり家は売りたくない」とか、「今の生活水準は維持したい」となると、なかなかリスクはとれません。

とれるリスクの限度は人それぞれです。それを超えてリスクをとってしまうから、「こんなはずじゃなかった」となる。逆にもっとリスクをとれたのにそうしなかったために、「あのときもっと思いきり行動しておけばよかった」と後悔する人もいます。

大きなリターンを得ようとするのなら、自分の許容限度いっぱいまでリスクをとったほうがいい。そのとき、最悪の場合をシミュレーションし、自分がどこまで耐えられるかがわかっていれば、ギリギリまでリスクをとることができます。

道を歩けば車にひかれるかもしれませんし、旅行に行けばスリに狙われるかもしれない。仕事もリスクをとらなければ成果につながりません。リスクについて知っておくべき一番大切なことは、投資に限らず、人生はすべてにおいてリスクと背中合わせだということです。

第2章 収入を増やす

一〇年後、あなたの今の仕事はまだあるか

この章では、第1章でお話しした〈お金の方程式〉のうちの、「収入」を増やす方法について考えます。

一〇年後、あなたが今やっている仕事はまだあるでしょうか。

これから時代の趨勢とともに消えていく仕事は、たくさんあります。

逆にこの先、新しく生まれてくる仕事もあるでしょう。

マネックスのようなネット証券の多くは、私が設立に参加した一九九九年に生まれました。インターネットの普及と共に生まれたビジネスです。

自分の仕事の将来性を予測するには三つの視点があります。一つは技術進歩、二つ目は人口動態、そして三つ目がグローバル化です。

技術進歩は世の中を劇的に変化させます。それによって消えていく仕事があります。たとえば駅の改札が自動改札になったとき、それまで改札に立って職人技で素早く切符にハサミを入れていた人は不要になりました。

また昔は、缶詰をカンカン叩くだけで、不良缶をチェックできる打缶師という人がいま

した。これも職人技です。しかしそんな特殊技能を持つ人も、機械化できる技術が生まれ仕事が減ってしまいました。逆にインターネットや、携帯といった技術進歩によって、ネットオークション、ネットショッピング、携帯ゲームなど新しいビジネスが生まれています。このように技術の進歩は仕事のあり方をどんどん変えていきます。

人口の減少も雇用の変化を引き起こします。今日本は高齢化・少子化・人口減が進んでいます。地方でショッピングセンターがつぶれたり、駅前商店街がシャッター通りになったりする事態がどんどん進行しています。

グローバル化が進んで、海外に仕事が移ってしまう可能性もあります。海外のほうが人件費が安いので、工場やコールセンターを海外に移転させる企業は珍しくありません。

「コモディティ」化したら、収入が下がるだけ

このように仕事の環境が変わっていく世の中では、どんな職業の人でも油断していられません。

「自分の仕事は果たして一〇年後もあるのかな」

「あるにはあるとしても、日本国内でやっていけるのかな」

そういうことを真剣に考えておくべきです。その結果、残念ながらジリ貧になっているのなら、次の仕事を考えたほうがいい。そうしないと、今はよくても、将来困った事態に直面します。

一〇年後も需要のありそうな仕事は、インターネットを使う仕事か、逆に絶対に機械化できない仕事のどちらかでしょう。

まただれでもできるような仕事は、コモディティ（汎用品）化してしまい、賃金が下がって満足できる収入は得られないと思います。

今後は、単純労働だけでなく知識産業まで、海外の安い労働力と競争になることが考えられます。もちろん日本の場合、言語の壁がありますが、競争が激しくなる分、コストが下がることは間違いないのです。

そのような変化とともに、会社に頼らない生き方が、今よりもっと当たり前になってくるはずです。企業に勤めていることの価値は、今でもだいぶ崩れてきました。

雇用関係も変化し、もっと違う労働形態が一般的になる可能性もあります。たとえば会社と社員がコンサルティング契約を結ぶとか、一年のうち一カ月は仕事をしない社員とか、給料は安くてもいいから一日五時間しか働かないとか、そういう多様な働き方が受け入れられるような時代が来る可能性もあります。

個人と企業の関係が、取引先との関係のようなビジネスライクなものになると、「自分が会社に対してどんな価値を提供できるか」がより重要になってきます。機械や外国人に取って代わられることのない仕事で、どうしても自分でなければできない部分があるかどうか。

生き残りのためには、一〇年後市場がどうなるかということと同時に、そのなかで自分のポジションをどのように確保するかということを考える必要があります。

収入を増やす方法はたった二つ

かつての終身雇用、年功序列の時代には、黙っていても給料は右肩上がりに上がっていきました。しかしそのようなことはもう期待できません。仕事から得られる収入は、

時給×労働時間

で決まります。とすれば収入を増やす方法は二つしかありません。

一つは時給を上げること。これはすなわち、仕事の単価を上げるということでもあります。

そしてもう一つは労働時間を増やすことです。

「長く働いて稼ぐ」という発想から抜け出す

収入を上げるために「労働時間を増やす」のはやめるべきです。

若いうちはある程度、量で質を補うというやり方も有効でしょう。必死で働いて認めてもらうとか、量をこなすことで経験値を上げるとか、トレーニングとして長く働くことは確かに必要です。私にもそういう時期がありましたから、それは否定しません。

でもそれはどちらかというと、まだ若くてスキルを身につけるような時期にだけすることだと思います。

収入を増やすために労働時間を増やしても、一定額を超えれば残業代もつかないでしょうし、本業のほかに副業を持つのもあまり賢いやり方ではない。たとえば昼間は会社勤めをして、その後、夜中までラーメン屋さんで皿洗いをするような生活は、すぐ体力の限界がきてしまいます。

私も創業期のマネックスでは滅茶苦茶な長時間労働をしていましたが、そのせいで体をこわしてしまいました。それがきっかけになり、今はできるだけ短期間に集中して仕事をするようにしています。今は自分で時間の使い方をある程度コントロールできるようになりましたが、それでも「この時間までにこれだけやる」と決めないと、ついダラダラして生産性が下がってしまいます。

「収入を増やすには長く働けばいい」という意識を持っている限り、長時間仕事をして、疲れて、寝て終わるという生活からいつまでたっても脱出できません。

自分の時給を計算してみる

自分の時給はいくらか、計算してみたことがあるでしょうか。アルバイトなら時給はいくらか明確ですが、そうでないと「自分が一時間あたり何円稼いでいるか」を意識している人は少ないでしょう。

時給を計算するのは簡単です。報酬を時間で割ればいいのです。会社員だったら、年収を年間労働時間で割る。すごい長時間労働をしている人は別ですが、普通の会社員だったら一年の労働時間の合計は、だいたい二〇〇〇時間です。つまり一日一〇時間働くとして、出社するのが年間二〇〇日ぐらい。

ということは年収五〇〇万円の人だったら時給二五〇〇円、年収八〇〇万円の人なら、時給四〇〇〇円です。

こうして時給を知ったら、何をするときも「時給で考える」習慣をつけてみます。たとえば時給二五〇〇円の人なら、何か二時間かかることをするときに、「五〇〇〇円の価値はあるのかな」と考えてみる。「自分を一時間いくらで人に売っている」とか、「△△円の価値がある自分の時間を消費する」と考え始めると、見えてくるものがあります。

たとえばつまらない飲み会に四時間も参加してしまったら、

「会費もムダだったけれど、時給二五〇〇円×四時間＝一万円分の時間もムダにした」

と考えてみます。

お金が有限なのはみんな意識していますが、本当は時間も有限です。ところが時間に関しては、コスト意識をどうしても持ちにくい。

ところが時給という形で、自分の時間とお金の交換比率を知ると、時間の価値が再認識できます。時給を上げるためには、まずはこのような意識改革からスタートすることです。

時給の高い人には共通点があった！

それでは、時給を上げるにはどうすればいいのでしょうか。

自分を高く売ることに成功している人を観察していると、共通点があることに気がつきました。

それは「この仕事をできる人がほかにはいない」ということです。つまり、その人に頼むしかない。ということは競争相手がいないので、単価を高く設定できる。すなわち「希少性」が時給を上げる最大のポイントです。労働もほかの商品と同様、価格は需要と供給の関係で決まります。レアメタルや石油の値段と同じで、供給が減れば価格は上がるのです。

そこで考えるべきは、自分をどのようにして希少資源化するかということです。ほとんど同じ能力を持った競争相手のなかで、どうしたら自分にしかできないことをするか。

だからといって、何もすごくレアなスキルをものにする必要はないのです。その特技があまりにもマニアックすぎたら逆に需要がありません。

自分を希少資源化するための最も有効な方法は、ジャンルの違うスキルを組み合わせることです。「みんなができること」を組み合わせて、「私にしかできないこと」にすればよいのです。

たとえば会計士の資格を持つ人はたくさんいます。しかし会計士でありながらなおかつ弁護士の資格を持った人は少ない。会計士であり、弁護士でもあり、そしてそれと同時に医者でもある人となると、もっと少なくなります。

もちろん一人で専門分野を複数持つことにニーズがないと意味がありませんが、そういうふうに考えていくと、同じ能力を持つ人がどんどんしぼられてくるのです。

私自身のことを言えば、自分の強みは信託銀行、投資顧問会社、ネット証券、そして投資教育会社という、金融の異なるポジションでの経験だと考えています。信託銀行で銀行業務を学び、ディーリングルームで為替のディーラーとして取引を行った経験、外資系投資顧問会社で年金運用を担当するファンドマネジャーとして海外の機関投資家がやっている運用手法を学んだこと、そしてネット証券の創業期から個人投資家の方と接する仕事を続け、それらを投資教育というものに反映させていることです。

ファイナンシャルプランナーやエコノミストのような金融業界の専門家の方はたくさんいます。しかし、銀行と運用会社とネット証券の三分野の経験を統合できる人は私以外には見当たりません。それが自分の「希少性」だと考えています。

また、私が代表を務めるマネックス・ユニバーシティがほかの投資教育会社と大きく異なるのは、マネックス証券という大手ネット証券会社に対し個人投資家のニーズを伝え、ネット証券の最新の動向を個人投資家に伝えられるポジションにあるということです。個人投資家のダイレクトな反応を迅速に反映することができ、最新のコンテンツ提供ができる会社はほかにはないと思っています。このように、自分たちにしかできない差別化をいつも意識することによって、仕事の価値を高めることができるのです。

時給アップに欠かせない「やらないことリスト」

自分の時給を高めようと思うと、スキルアップのために、とかく「あれもしよう、これもしなくちゃ」と、すべきことをリストアップしたくなります。しかしそれは逆で、「何をするか」より「何をやらないか」を決めたほうがいいと思います。

今の時代、やることを増やすのは簡単です。しかし時間と労力は有限です。「みんながやっているから」という理由で、いろいろなことに手を広げすぎると、どれも中途半端になるだけです。また、いったん何かを始めてしまうと、人間の心理として、「ここまでやったんだから」と辞めにくくなります。だからこそ、最初から「やらない」と決めておくことが大事なのです。それによって浅く広くより、狭くても深くを目指すのです。

たとえば、「興味のないセミナーには行かない」とか、「新聞を隅から隅まで読まない」

とか、自分なりの「やらないことリスト」をつくっておくべきです。

私の「やらないことリスト」には、「人と同じことをしない」があります。みんながいいと言うものとか、流行りのものはしたくないということです。私の天邪鬼《あまのじゃく》な性格もありますが、人と同じことをしているかぎり、自分の希少性は高まらないと考えるからです。

日常の行動レベルで言えば、知らない人が集まる異業種交流会にも行きません。二〇代のころはよく行っていましたが、名刺の数が増えてもまったく何の役にも立たないということに気がつきました。勉強会やパーティーなどに出る場合でも、二次会は行きたいときだけ行き、義理で行くことはしません。

また基本的に、イヤな人とは無理をしてつきあわないようにしています。

イヤな人と一緒にいてもうまくいかないことが多いのです。仕事においても会社の関係などで、仕方ないときはありますが、互いに尊敬や信頼感を持って、いいものをつくろうという意識が共有されないと、いい結果は出ない、と思っているからです。

判断の基準になるのは「一緒にやって楽しいかどうか」です。相手が気の合う人で、話して楽しいとか一緒にいると楽しいという場合もあるし、相手が優れた技術や自分が持っていないものを持っているために、刺激を受けて楽しいという場合もあります。

やっぱり〈勝間和代〉にはなれない

私の「しないリスト」には、「できる人の真似をしない」ということも書いてあります。なぜなら誰かが「こうやるとうまくいく」と言ったからといって、自分も同じことができて、結果的に同じレベルまで達するとは限らない。できる人と自分は違う人だということを、まず認識したほうがいいのです。

たとえば私は勝間和代さんのようには絶対になれません。

勝間さんとは何度もお目にかかって雑誌の対談をしたこともありますが、話すたびに、「ああ、自分は絶対にこの人にはなれない」と思います。投資についての考え方など、共通する部分も少なくないのですが、人生へのアプローチの仕方・考え方がまったく違うのです。

たとえば疲れたらどうするか。私にとっては適量のお酒を飲んで寝てしまうのが一番の疲労回復法ですが、勝間さんはお酒は絶対に飲まないそうです。そして、無理のないようにスケジュールを組んで、そもそも「疲れないようにしている」のだと言っていました。

あるいは、駅から目的地までちょっと遠いときはどうするか。私はタクシーに乗ります。

たとえばバスで三〇分かかるところ、タクシーで一〇分で行けるなら二〇分節約できる。自分の時給が三〇〇〇円だとすれば、二〇分には一〇〇〇円の価値がある。タクシー代一〇〇〇円を払って二〇分節約できるのなら、その分仕事をすればいいと考えます。

ところが勝間さんはタクシーに乗らないで、歩く、あるいはバスに乗ると言います。私が「タクシーの中なら本も読めるけれど、歩く時間がもったいなくないですか」と尋ねたら、「私は歩きながらヘッドフォンでオーディオブックを聴いて、携帯でニュースをチェックするから、その時間も全然ムダになりません」という返事でした。

またビジネス書の著者にはフリーで働いている人が多いのですが、会社勤めの人とでは、全然条件が違います。たとえばベストセラー作家の本田直之さんのようにハワイと東京の両方に拠点を持ち、「午前中はサーフィンやトレーニング。仕事は夕方まで。ランチやディナーは必ず人と会食」というスタイルは、会社勤めの私には絶対真似のできないライフスタイルです。

それではそんなできる人のやり方を知るのはまったく意味がないのかというと、そんなことはありません。要は、できる人から自分に役に立つところだけ「いいとこ取り」をすればいいのです。

勝間和代さんや本田直之さんに憧がれて、コピーになろうとしてもダメです。しょせんそんなことはできませんし、そもそもまったく同じことをする必要はありません。誰かの真似をするのは「部分的」にすべきなのです。

たんなる憧れでその人の真似をするという行為は、「自分の今すべきアウトプットは何か、そしてそのためにはどんなインプットが必要か」について突き詰めて考える作業をさぼっている状態です。いつまでたっても著名人の二番煎じでは、自分にしかない価値を生み出すことはできません。

会社員でもできる収入複線化の方法とは?

仕事は単価を上げることが大切ということを話してきましたが、仕事以外の収入はどうでしょうか。といっても、仕事が終わってからどこかの飲食店で皿洗いをしたり、あるいは週末に警備員のアルバイトをしたりというような、本業と全然関係ない内容の仕事はしないほうがいい。このようなお金のためだけの仕事は、本業で時給を上げるためのスキルアップにつながらないからです。

もっとも、その収入がなければ生活できないのなら仕方ありません。また、今は関係ない仕事をしていても、将来はその分野で身を立てるつもりならいいでしょう。

でもただの労働力として働くだけなら、結局そこから先の展開は望めません。たとえばITの仕事を本業にしている人が仕事のかたわら、別の会社のサイトのメンテナンスをするなら、本業とのシナジー効果が望めるかもしれません。でも仕事が終わってからコンビニでレジを打つのはどうでしょうか。そのバイトをする時間を、本業のアウトプットを上げるためのインプットの時間にあてるほうが、本業での年収アップにつながり、長い目で見たら、投資効果が大きいと言えます。

第5章でとりあげる投資以外に、会社員に可能な収入の複線化の方法として、次につながる可能性が高く、かつ最も参入障壁が低いのは、アフィリエイトでしょう。アフィリエイトとは、ブログを使って書籍や商品の販売に協力し、売り上げの一部を収入として受けとる方法です。ネット書籍販売のアマゾンのサービスが有名です。

片手間のアフィリエイトで生計を立てられるほどの額を得ることはまず無理ですが、この方法のよいところは元手がほとんどかからないし、失敗しても失うものがほとんどないということです。

どうせ本を読んだ感想をノートに書いておくのなら、ブログに書いたほうが人に見てもらえるし、それによって自分の頭の整理にもなります。メインのビジネスにはなりませんが、自分の幅を広げるきっかけにはなります。それを見た人が、ただで感想を言ってくれたり、自分の意見を教えたりしてくれることもあり、こんなにありがたいことはありません。

しかし、本業以外の収入はあくまで副次的なものであり、本業へのメリットがあるのかどうかを、選択の基準とすべきでしょう。

一つの会社に正社員として勤めるリスク

収入を複線化する目的は、収入を増やすことだけではありません。リスクを分散させる意味もあります。これからは、一つの会社だけに正社員として勤めるよりも、業務委託契約のような形で、二社、三社から収入を得ることを目指すほうが、堅実な働き方になってくる可能性があります。

その場合も、たとえばトヨタと日産の二社から収入を得ていても、同じ自動車会社ですから、リスクはあまり分散できません。現実的ではないかもしれませんが、逆相関の二社と仕事ができれば理想的です。たとえば極端な例で言うと、トヨタとニトリの両方の仕事をしていれば、好景気のときに強みを発揮できる会社と、不景気に強い会社ということで、バランスがとれます。

実際には、ほとんどの人が、たった一社に自分と家族の人生を預けている状態です。これは考えようによっては、とても危険なことです。「もし会社がなくなったら、明日からどうやって食べていくか」という意識は、常に持っていたほうがいい。

つまり、今いる会社からの収入が途絶えたときでも、フレキシブルに対応できるように準備をしておくことです。そのためには、どこに行っても通用するような技術を、いわゆるポータブルスキルとして身につけておく必要があります。

基本は自分が好きな仕事を選ぶこと

転職にせよ、副業を持つにせよ、ポータブルスキルを磨くにせよ、自分が好きな仕事を選ぶのが基本だと、私は考えます。みんなそうするからとか、今流行っているからとか、そういう理由で仕事を選ぶべきではありません。

たとえばライブドアの堀江貴文元社長が脚光を浴びていたころは、起業とかＩＴベンチャーが素晴らしい生き方のように思われていました。しかし、しばらくしたら今度は投資銀行だ、ゴールドマン・サックスだとなった。ところが金融危機で投資銀行のリーマン・ブラザーズが破綻した途端、「日本のメガバンクが安定している」とか、「やっぱり公務員」などと言われています。急に公務員が魅力的になったわけではなく、ずっと公務員は公務員のままだったのですが、ほかの業界の人気が下がったため、相対的に公務員がよく見えるというだけです。そういうあやふやな基準で仕事を決めてしまうと、ブームが去った後にモチベーションを維持するのが難しくなります。

また「流行りの仕事は競争が激しい」という問題もあります。

今は日本のメガバンクに入りたい人はたくさんいます。ということは今入社しても、同僚には自分より優秀な人が山ほどいる。そのなかで頭角を現すためには、並大抵ではない努力が必要になってきます。努力でなんとかなるならまだましですが、運に左右される部分も多いでしょう。それよりは優秀な人が殺到していない、あまり競争の激しくない分野で一番になったほうがいい。

競争が激しくないところのほうがスキルを伸ばせる

このように考えるようになったのは、私が結果的にそういう人生を歩んできたと思うからです。学生時代から不動産に興味があった私は、卒業後、不動産に関するトータルコンサルティングができるということで、住友信託銀行に入行しました。

当時、信託銀行は地味であまり人気がなく、就職希望は都市銀行や保険会社に集中していて、信託銀行を選んだ学生はゼミで私一人でした。

私が住友信託銀行に入った一九八六年は、新卒採用は私を入れて八九人でした。一方、都市銀行の一行あたりの採用人数は五〇〇人ぐらいでした。

同期入社が少なかったおかげで、会社に入って三年目に社費でMBA留学することができました。当時、住友信託銀行は人材育成に熱心で、海外留学生を年間一〇人送っていました。同期のうち、九人に一人は留学できるという大盤振る舞い状態です。しかも社員全員が留学を希望するわけではないから、英語が全然話せなかった私でも、たまたま運よくその一〇人の中に入ることができたのです。ちなみに都市銀行では、新入行員が五〇〇人いても留学生の枠は一ケタでしたから、五〇倍以上の難関です。

五〇〇人も同期がいる中で頭角を現すのは大変なことです。都市銀行の場合、新入社員は全員一斉に支店に配属され、預金集めを担当していました。そこでよい成績を上げた人が、留学したり、本店に引っ張られたりと、出世コースが決まってきます。しかし、いくら頑張って、ほかの人の倍、お客さんを訪問しても、五〇〇人の同期のうちには、平気で三倍も訪問する人がゴロゴロいるのですから、勝ちようがありません。

これに対して、住友信託銀行は、新入社員の配属先がバラバラでした。不動産、年金、証券代行、預金、融資など、新人の仕事内容にバラエティがある。だから社員同士で競争するといってもあまり比べようがなく、それぞれの持ち場で焦らずにスキルを磨くことができました。このときの体験から、私は「競争の激しいところは避けたほうがいい」ということを学びました。

英語の勉強は本当に必要？

ビジネスマンの間では自己啓発や勉強ブームが長く続いています。インプットが勉強でアウトプットが仕事だとすれば、インプットの重要性が注目を浴びている時代と言えるでしょう。

しかし収入を増やすという観点からすれば、インプットに力を注ぐよりはアウトプットの質と量を高める努力のほうが重要です。なぜなら、収入増に直接結びつくのはアウトプットのほうだからです。

もちろんインプットも重要です。しかし、学んだことをどうやってアウトプットするかを考えないまま、インプットをしている人が多すぎるのではないでしょうか。

たとえばビジネスマンの勉強の定番は、英語です。ところが日本のビジネスマンの半分以上は、仕事で英語を使う機会などほとんどありません。海外に行ったときホテルのフロントで話したり、レストランで料理を頼んだりするために、英語の学校に行くのなら、あまり意味はありません。

もちろんマクロの視点で見れば、これからは英語ができないとグローバル化の波に取り残されてしまうでしょう。でも来年の年収アップのためには、遠回りの努力であると言わざるを得ません。

「みんなが英語を話せる時代に、自分だけ話せないのはまずい」

という発想で英語を勉強し始めるのだと思いますが、何をインプットするかは、みんなと同じことでなくてもいい。さきほど、自分の価値を高める方法は「人にできない仕事ができるようになること」だと言いました。そう考えればむしろ「ほかの人が学んでいないこと」を勉強したほうがいいわけです。

たとえば私の知り合いにロシア語ができる人がいました。マイナーな言語ですが、新興国が発展し、ロシア経済が復活するとともに、貴重な人材として引っ張りだこになりました。このように、たとえば語学としてアウトプットを考えるなら、マイナーな言語を学ぶべきなのです。

インプットしてからその能力の使い道を探すのでなく、何をアウトプットするかを考えてから、それに必要なものをインプットしたほうがムダがありません。

せっかくコストと手間をかけてインプットしても、使うことがなければ、宝の持ち腐れに終わってしまいます。

第3章 支出を減らす

「我慢をしない」ことが大前提

「六〇歳までに一億円の資産をつくる」ためには、収入を増やす努力をする一方で、出ていくお金を減らす努力も必要です。この章では、40ページで説明した〈お金の方程式〉のうちの「支出」について考えます。

支出を減らすというと、やりたいことがあっても我慢するとか、外食の回数を減らすとか、お酒を飲まないとか、そういう縮小の発想になりがちです。しかしそれには強い意志が必要ですし、長続きしません。私にはできませんし、おすすめもしません。

支出を減らすには、「何かしたい」と思うたびに無理して我慢するのではなく、気がつかなかったムダを削って、自然と支出が減る仕組みをつくるのが有効です。

知識がないと、自分では気がつかないうちに意外とムダなことをしているものです。そこを一つひとつ削っていくことで、無理なく支出を減らすことができます。

「我慢をしない」ことは、支出を減らす仕組みを考えるときの大前提です。そこから始めていきましょう。

まずは人生の三大出費「住宅、教育、保険」から

ムダな出費のチェックは、「人生の三大出費」、すなわち、住宅、教育、保険の見直しから手をつけていきます。

この三つに縛られているために、お金がほかのところに回らず、本来やりたいことができていない人は少なくありません。

たとえば三〇〇〇万円の家を一％値切れば三〇万円も浮くように、大きな出費はたった一％削るだけでも大きな効果があります。一〇円二〇円にこだわるのではなく、大きいところからナタを振るうのが支出削減の大切なポイントです。

まだ独身で、住宅ローンや教育費など先の話だという人も、このことはしっかり知っておくべきです。

持ち家か賃貸かで悩んでも意味がない

マイホームの話になると、必ず質問されるのは、「家は買ったほうがいいですか、それとも借りたほうが得ですか」ということです。

賃貸がいいか、それとも買ったほうがいいか。不動産の雑誌では定番の企画で、買った

場合と借りた場合を比較したシミュレーションがよく載っています。しかしこれらの記事を見て、「やっぱり賃貸のほうがいいかな」「買ったほうが得かも」と悩むのは、意味がありません。なぜなら買っても借りても大差はないからです。

どちらが得かは、住宅の値段がこれから上がるか下がるかによってほとんど決まります。経済合理性から言って、これから上がると思ったら買ったほうがいいし、上がらない、もしくは下がると思うのなら借りたほうがいい。ただそれだけのことです。

住宅ローンを組めば、金利は何%か、変動か固定かなど、いろいろな要素が関わってきますが、二〇年後に住宅の値段が下がっていたら「買わなくてよかった」という話になるし、上がっていたら「ああ、買っておけばよかった」となる。

そもそも、市場には需給を調整する機能があります。もし損得があったら、必ず得のほうに需要が傾きます。もし持ち家のほうが得ならみんな家を買い始めますから、家の値段が上がり、結果としてあまり得をしなくなります。もっともタイミングによって少しは得だったり、ちょっとは損をしたりするかもしれませんが、大きな違いはない。

「じゃあ住宅情報誌に載っている試算表は何？」と思うかもしれませんが、これもよく見ると前提条件次第であることがわかります。

結局、持ち家か賃貸かという損得の判断は、住宅の将来価格次第なのです。

経済合理性でなく人生観を基準に選択する

ただし、賃貸と購入とでは、それぞれにメリットとデメリットがあります。

まずマイホームを買うデメリットから言うと、いろいろなことが「固定化される」ことです。

普通のビジネスマンであれば、何千万円も現金で用意できる人はなかなかいませんから、住宅の購入にあたってローンを組むことが多いでしょう。するとローンを組むことによって、今後何十年間も、お金の使い道が固定化されてしまいます。

引っ越しもなかなかできませんから、住む場所も固定化されます。「いざとなったら売ればいい」と思うかもしれませんが、家というのは流動性が低く、それほど簡単に売ったり買ったりできないものです。買うときと売るときを合わせると、家の値段の一〇％ぐらいのコストがかかります。バブルの時代のように、住宅の値段が右肩上がりで簡単に売却益を稼げた時代とは違って、今は、一生そこに住むことも想定して、購入する必要があります。したがって、ほとんどの人にとって、住宅の購入は一発勝負です。

また、たとえば天井から雨漏りしたとしましょう。そんなとき持ち家の人と賃貸の人とでは全然反応が違います。賃貸の人は「困りますよ」と大家さんに怒る。ところが、持ち家の人は「困ったな」と悩む。なぜなら、自分で修理代を出さなければならないからです。

所有するということは、家が古くなることや周囲の環境が変化することなど、いろいろなリスクを自分が抱えるということです。気楽さで言えば賃貸のほうが圧倒的に上です。

もちろん持ち家にはメリットもあります。自分の好きなように設計や改装ができるとか、所有することで愛着がわくとか、お金には換算できませんが、人生の質を高めるという点ではとても重要な価値です。

日本ではいまだに持ち家信仰が根強くあります。家賃を払うぐらいならローンを払ったほうが……ということで買うという人も多いのです。

確かにマイホームを持つことで、満足度の高い住環境を手に入れられます。一方で資産が固定されますから流動性が低く、リスクが高くなります。天災によって自分の資産が大きな損害を受けたり、賃金が下がったり、会社が倒産したりといった環境変化に、柔軟に対応しにくいのです。

一方で賃貸物件は、いつでも引っ越せる気楽さはありますが、品質、バリエーションなどにも限界があり、自分が本当に満足できる物件に住めないという現実もあります。

繰り返しになりますが、持ち家と賃貸でどちらがトクかといった比較は、最終的には不動産価格次第であり、経済的な損得計算をしてもあまり意味はありません。

つまり持ち家か賃貸かは、損得という経済合理性で考えず、自分のライフスタイルや価値観に合わせた選択をするべきだと、私は考えています。

ちなみに私自身は持ち家ですが、将来得をするからとか、いずれ転売して儲けてやろうとかを狙って購入したわけではありません。自分の趣味嗜好に合った家に暮らしたいと思ったので購入したのです。その意味では、どんなに手頃な物件であっても、自分があまり好きだと思えない家は、無理に買わないほうがいいと思います。

固定金利か変動金利かも損得は同じ

マイホームを買うことになって住宅ローンを組むとき、もう一つ選択に悩むのが、固定金利で借りたほうがいいのか、それとも変動金利で借りたほうがいいのかということです。

しかし実は、これもどちらを選んでも同じです。金利というものは、結局どちらを選んでも同じになるように設定されています。

こう言うと驚く人が多いのですが、これは当たり前のことで、むしろそうでないとおかしいのです。

たとえば今固定ローンだと金利は三％ぐらいですが、変動金利は一・九％と低くなっています。

固定の場合、最初の金利からは上がりません。その代わり金利の低いときでも、高めの金利を払っています。これは金利が上昇したときの保険料だとも言えます。一方、変動の場合は「金利がこのままずっと下がっていればラッキー」ということなのですが、そもそも変動金利は、貸し手も含めて、市場が金利が上がるという予想をしているから存在します。下がるという予想だったら、みんな変動を借り、貸し手側のビジネスが成立しません。

つまり、変動金利と固定金利はリスクを調整して比較してみれば損得のない水準に落ち着くのです。変動の人たちはギャンブルをしているけれど、固定の人たちはギャンブルをしていないとも言えます。固定とは、「少し多めに支払うから、その代わり金利は絶対に上げないでね」という契約をすると考えればわかりやすいでしょう。金利が上昇しない保険を買っているのと一緒です。

だからどちらが損か得かという問題も、「将来の金利がどうなるか」という予想によって全然結果が違ってきます。日本がインフレになって金利が上昇すれば、固定のほうがいい。このままずっと経済が低迷して低金利が続くのなら、変動がよいことになります。そして「将来の金利がどうなるか」は、エコノミストと呼ばれる経済の専門家にもわかりません。

とすれば、あまり金利の損得にこだわるよりは、「自分のライフスタイルはどちらに向いているのか」「変動にした場合、自分の性格は、この先何十年も金利の上下に一喜一憂することに耐えられるか」といったように、自分を知ることが大事になってきます。慎重な人だったら、少し高くても最初から固定で借りたほうがいい。今は少しでも安く借りたいなら変動にする。リスクのないオイシイ話はないということです。

住宅ローンのリスクはFXのレバレッジ取引に匹敵

住宅は買っても借りても経済的には同じだと言いましたが、これからは賃貸のフレキシビリティーがメリットとして注目されるかもしれません。なぜなら今や住宅ローンを組むのはとてもリスクが高いからです。

主婦が脱税したことで一躍有名になったＦＸと呼ばれる為替の保証金取引のように、少ない資金で大きな金額を動かすことをレバレッジ取引と言います。住宅ローンはまさにそれと同じです。ＦＸのようなレバレッジ取引では、たった一〇万円の元手で一〇〇万円分の取引をしたり、一〇〇〇万円の元手で一億円の取引をしたりできます。考えてみれば住宅ローンも、これとよく似ています。たとえば五〇〇万円の頭金で、その一〇倍の五〇〇〇万円の家を買う。これはレバレッジ一〇倍の不動産投資をしているのと同じです。

しかも家は換金性が低いし、地震や火災のリスクもあるし、手入れや保全も自分でしなければなりません。分散することなく、通常は一軒に集中して投資するわけですから、集中投資でリスクが高い。さらに恐ろしいのは、何十年もの返済が終わったときに、資産価値がいくらになっているか、予測がつかないことです。

ところが「マイホームを買う」という甘い響きに酔ってしまうのか、ローンで住宅を買う人のほとんどに、それだけ高いリスクを背負うのだという意識はありません。なぜか。

それは、今までは土地の値段が右肩上がりで上昇を続けており、買えば必ず値上がりしたからということが一つ。それにサラリーマンは終身雇用で、賃金は年功序列で上がってきたから、住宅ローンの返済ができなくなることはほとんどなかったからです。

でもそんな時代は終わりました。最近では、ボーナスカットで住宅ローンのボーナス返済分が返せない人が続出しています。これで金利上昇ということになれば、さらに変動金利で借りている人の返済の負担も大きくなります。

マンションは資産価値の低下に要注意

ずいぶん悲観的な話をしましたが、それでも家を買うことにより、その人の人生の幸福度がトータルとして高まるのであれば、買う選択肢は「あり」です。そこでまた悩むのが、「マンションか一戸建てか」「新築か中古か」ということです。

家を買おうと思ったら、選択肢は「新築マンション」「新築一戸建て」「中古マンション」「中古一戸建て」の四通りしかありません。そのなかで、一番得なのはどれなのか、いろいろな人がいろいろなことを言うので、迷ってしまうのです。

しかし間違いないと断言できることもいくつかあります。

まずマンションは新築のときはいいけれど、築後何十年もたつと資産価値に問題が生じてきます。なぜなら一つの建物を何十人もの住人で所有しているため、住んでいる人同士の利害関係の調整が難しいからです。

たとえば古いマンションでは修繕工事や建て替えが必要になってきます。しかし「マンションの住人の五分の四（あるいは四分の三）が賛成しないと建て替えできない」などのルールがあります。建て替えで意見がまとまればいいですが、なかには「うちは建て替えの費用がないから、そのままでいい」と言い張る人が出てこないとも限りません。そんな人が一定数以上いれば、マンションはボロボロのまま。資産価値は下がる一方です。今ちょうど、戦後に建ったマンションが老朽化して建て替えの時期にきていますが、やはり住人たちの意見がまとまらなくて問題になっています。これからはこのような問題がもっと増えていくでしょう。

そうなる前にどこかの時点で売るならいいけれど、売りたいときに希望の価格で売れるかどうかは、これもまた難しい問題です。

費用対効果で考えるなら中古の一戸建て

マンションは資産価値に問題があるとなると、選択すべきは新築または中古の一戸建てということになります。そこで新築か中古かということになると、新築は割高です。コストパフォーマンスがいいのは、中古の一戸建てだと思います。

もちろん新築を買うなと言っているわけではありません。ただ、新築を買うなら、損得で買うのではなく、人生観や趣味の問題と割り切ったほうがいいと、私は考えています。どうせ趣味の領域なら、たとえば屋上にジャグジー風呂をつくりたい、オーディオルームを造りたいなど、徹底的に自分の希望を通した家を建てるべきです。割高な、高いお金を払うのですから、趣味に合わない建て売りの新築を買ってもしょうがないと思います。

そこまでの好みがないのであれば、新築ではなく、割安の中古一戸建てを買って、ちょこちょこと手を入れていく方法もあります。

中古のほうがいいのはマンションも同じです。今新築のマンションは、実物が建つ前に完売させるのが普通ですから、どんなものかは完成しないとわからない。モデルルームは実際に建つ場所とは違うところに建っていることが多く、どうしても、実物とは印象が違います。

たとえば「眺めがいいですよ」という宣伝文句に惹かれたけれど、完成直前の内覧会で窓を開けてみたら、気に入らない建物が見えるかもしれません。それでもその建物にどいてもらうわけにはいかない。

ところが中古のマンションだったら、もう建っていて、実際に人も住んでいる状態で確認できます。築後一年二年たっているなら、「壁が汚れているな」「お隣さんはこんな人か」ということもわかる。あるいは「玄関の郵便受けのまわりが汚い」とか、「廊下やエレベーターホールの掃除がきちんと行き届いている」などということからも管理の良し悪しがわかります。住民同士の仲が悪いとか、近隣とトラブっているなど、建物以外の重要な情報が入ってくることもあります。

不動産とはよく言ったもので、土地や家は動かしたくても動かせないものです。これまで「動かない」ことは安定というプラスの価値を有していましたが、これからはリスクを意味します。インド人のお金持ちは、資産を宝石に換え全財産を身につけて持ち歩いているそうです。このような変化の速い時代には、総じてポータブルなもののほうが価値は高くなります。

少し前に美術品オークション会社サザビーズの社長から聞いた話によると、今ダイヤモンドがすごく値上がりしているそうです。しかも大粒のダイヤモンドほど値上がり幅が大きいと言っていました。大きさが五倍だから値段も五倍でいいかというとそうではなく、たとえば一カラットのダイヤが一〇〇〇万円なら五カラットのダイヤは一億とか二億する。大きければ大きいほど、「持ち運べる財産」としての価値が高いからだという話です。

何かあったとき、一カラットのダイヤを五個持って逃げるよりは、五カラットのダイヤを一つ持って逃げるほうが逃げやすい。これも結局、社会変化の流れが速く激しくなって、ポータブルなものへのニーズが高まっていることの表れだと言えるでしょう。

教育に投資するなら事前の覚悟が必要

「住宅」と同じく、「教育」もお金をかけようとしたら、一〇〇〇万円単位のコストがかかります。「我が子にいい教育を受けさせてやりたい」とか、「将来困らないように」と思って塾に行かせたり、習い事をさせたりする気持ちはよくわかります。

いわゆる投資という観点で教育を考えると、いい教育を受けさせることで、いい大学に行くことができ、その結果としていい会社に入って、収入（リターン）もよくなるということになるでしょう。

しかし教育投資は、お金の投資以上に不確定要素が多く、「かけたコストに成果が比例しない」ことも珍しくないことを覚悟しておくべきです。本人の資質の問題もありますし、親の希望する進路と本人のそれとが一致するとは限りません。そもそも最近は、いい大学に行ったからといって、いい人生が送れる保証がありません。

今、特に都市部では、多くの親が子どもに「お受験」をさせて私立の学校に行かせることに熱を上げています。公立の小中高は環境がよくないから、私立に行かせると聞きますが、「うちの子は○×学園に行っています」という見栄の部分もあるのではないでしょうか。

私は東京の区立小学校、区立中学校、都立高校とすべて公立で過ごしてきました。「今の公立は昔とは比べものにならないぐらいひどい」と反論されるかもしれませんが、私の通っていた中野七中という地元の区立中学は、私の在学中に校内暴力で新聞に載ったぐらい、荒れた学校でした。不良たちが騒ぐから授業どころではなく、三〇年前にすでに学級崩壊していました。

でも今となってみれば、それがいい社会勉強になったと思うのです。「世の中には、いろいろな人がいる」ということを肌で知ったからです。小学校や中学校のときぐらいは、生活環境や経済事情が異なるいろいろな仲間と過ごすことが、長い目で見るとプラスになるのではないかと思います。当時授業中、先生に反抗して騒いでいた同級生が、今では子どもを育てて地元で活躍し、同窓会の幹事を先頭に立ってやっているのを見ると、公立には公立のよさがあると実感します。

したがって私は横並びのための教育にはあまりお金をかけなくていいという考えです。

皆が行くからとか、何となく行かせないと不安だからというだけで塾に毎月二万円も三万円も払うのは、もったいないと思います。

もっとも人によっては、「リターンがあろうとなかろうと、子どもにはできる限りのことをするんだ」と言う人もいるでしょう。教育もマイホームと同様、経済合理性では判断できないことなのかもしれません。

そうだとしたら感情的な問題ですから、何も言えませんが、せめて子育てにかかるコストは、前もって知っておいてほしいと思います。小学校から大学まで全部公立だった場合のコースと、小学校から大学まで全部私立のコースとでは、教育費の総額は一〇〇〇万円以上も違ってきます。しかも、学校はいったん入学してしまうと、なかなか途中でやめるわけにいきません。それを事前に覚悟しておかないと、教育費が家計を圧迫して大変なことになります。

子育ては、「人並み」とか、「みんながやっている」とか、人と同じようにしないとなんだか不安になる分野です。また、おじいちゃんおばあちゃんも孫がかわいいからいろいろと口出ししてくるかもしれません。そういう身内の思惑や他人の目を気にせず、家計に見合った教育を受けさせても、十分な愛情があれば、子どもは親の期待からそんなにそれたことはしないものです。教育に必要なものは、教育費もありますが何より親の愛情なのです。

医療保険はなぜあれだけ多くのCMが打てるのか

最後に保険の話です。

生命保険や医療保険など、まったく保険に加入していないという人はあまりいないでしょう。

しかし、保険には二つのムダがあります。一つは、もともと保険料が高いことです。二〇〇八年末にライフネット生命保険という会社が保険にかかるコストを開示しました。いかに保険のコストが低く、いかに今まで生保が儲かっていたかが全部ばれてしまい、生保業界は騒然となったそうです。

たとえば昼間のテレビでは医療保険のCMばかり流れています。あれだけCMを打っているということを、おかしいと思わなければいけません。不景気の今、テレビCMを盛んに流すだけの余裕があるのは、消費者金融、保険、宝くじやパチンコ、競馬などのギャンブル業界ぐらいです。大量のCMを打っているということは、それだけ儲かる「おいしい」ビジネスということです。宝くじなどは売上の五五%ぐらいが胴元に入るしくみです。ネット証券など、カツカツのところでやっているので、テレビCMを出したくても出せません。

また最近でこそ少なくなりましたが、以前はよく生保のセールスレディが職場に来ては、「○○生命」と名前の入ったカレンダーやキャンディーやボールペンを配っていました。あれも結局サービスではなく、最終的には保険料の中から賄われていたということです。

今は多くの人がそこに気がつき、保険を見直す動きが起きています。

もう一つの保険のムダは、入る必要のない保険に入っていることです。多くの加入者に保険の知識がないのをいいことに、「この特約もつけておきますね」などと、起きる可能性が滅多にないことに備える特約がついていたりします。これらはすべて、保険料アップにつながります。

保険の問題は、コストがブラックボックスになっていて、ユーザーに見えにくいことです。今や高額商品を購入する際には、ネットで情報を比較検討するのが当たり前ですが、保険商品にはそういう材料がありません。比較しようにも内容が複雑でわかりにくく、特約がついていると保険料がトータルで決まってしまうので、サービスごとの単価がわかりません。それで、商品知識のないまま、みんなすすめられるがままに加入してしまうのです。

死亡保障が必要なのは人生のほんの一時期

私自身は、社会人になってからずっと、生命保険会社の、入院特約と年金のついた死亡保険に入っていましたが、一度も給付を受けず、累計でおそらく三〇〇万円ぐらいの保険料を支払いました。しかし、二〇代、三〇代で死亡する確率は極めて低いと考え、独身であれば高額の死亡保障も不要なので、解約してしまいました。

若いうちに死亡保障が不要なのと同様、六〇歳を超えたら、やはり死亡保障は必要なくなってきます。そのころになればある程度蓄えもできているし、子どもも自立していることが多いからです。

そう考えると保険の給付というものは、働き盛りのころをピークとして、だんだん少なくなっていってよいものです。たとえば何歳であろうと「死んだら五〇〇〇万円」という一律の保険に入るのは、どう考えてもムダに思えます。

住宅ローンを組んでいる場合には、団体信用生命保険に入っています。借り主が亡くなるとローンの残額が保険金で精算されます。そうすると、マイホームはローンの支払いが不要になりますから、残された家族に必要なのは、日々の生活費と教育費なので、それほど手厚い保障は必要ないのです。

また保険など入らずに、何かあったときは自分の貯金から払ったほうが得をする場合もあります。医療保険などはその代表例です。病気やケガをしたときは自分で医療費を払ったほうが、ずっと保険料を払い続けるよりも安上がりなことも多いのです。

プロの手を借りてときどきは見直しを

基本的に保険は「起きる確率が低いけれど、もしそれが起きると巨大な損失が出るもの」について備えるには、とても向いています。それが某生命保険会社の言う「保険の力」です。

たとえば働き盛りのお父さんが急に亡くなってしまう確率は低いけれど、万が一現実に起きてしまったら大変なことになる。保険以外に、お父さんが亡くなったとき、五〇〇〇万円手に入れる方法はほかにありません。だから生命保険をかけておくことには意味があります。

問題なのは、お父さんの経済価値（つまり稼ぐ力）がだんだん下がってきて高額の死亡保障が必要なくなったのに、惰性でずっと高い保険料を払い続けているようなケースです。

若いときに入った保険をそのまま続けている人も多いかもしれませんが、歳月とともに状況は変化します。だから保険はときどき見直すべきなのです。

ただ生保の営業マンに見直したいと言っても、自社の違う商品をすすめられるだけです。

一番いいのは、保険専門の独立系のファイナンシャルプランナーにきちんとお金を払って見直してもらうことです。一時間の相談に一万円払ったとしても、毎月の支払いが二〇〇〇円節約できれば、半年後にはもう元をとれます。これから一〇年二〇年保険料を払い続けることを考えたら、一日も早く見直すべきです。もっとも、そのファイナンシャルプランナーがどこかの保険会社と関係があるとその会社の商品をすすめられることもあるので、相談する人を選ぶに際しては確認しておきましょう。

いつも使うクレジットカードは一枚にする

人生の三大出費を見直したら、日々の消費についても少し考えていきましょう。習慣を変えることで支出を減らせることもあるのです。

支出が減らないで困っているという人を見ると、クレジットカードを何枚も持っている人が多いのに驚かされます。クレジットカードの持ちすぎは、支出が減らない一つの原因です。なぜなら何枚も持っていると、お金の流れが見えにくくなってしまうからです。

基本的にクレジットカードを持つのは、二枚だけにしたほうがいい。しかも普段使うのは一枚だけで、もう一枚は予備にします。

なぜ一枚にするかというと、第2章で説明したように、カードの明細を家計簿代わりにできるからです。また一枚にまとめたほうが、ポイントを有効にためられるというメリットもあります。四枚も五枚もカードを使っていると、何にいくら使っているのかを把握するのが難しく、支出をコントロールできません。いつも使うカードは一枚にして、電話代や電気・ガス・水道の公共料金など、引き落としができるものはなるべくクレジットカード払いにします。そうすればそれだけポイントもたまりますし、クレジットカードの明細がそのまま家計簿になって、それを見れば、お金の動きが全部わかります。

アメリカン・エキスプレスのブラックカードなど、プレミアムカードを持つことがステイタスだと考えている人もいますが、私は年会費がかかるカードは基本的に持ちません。クレジットカードの基本は、やはり手数料ゼロ、年会費ゼロであること。手数料や年会費はカードの色が変わる程度の価値しかないと考えるからです。

プレミアム会員になると、たとえば飛行機事故にあったとき保障の一〇〇〇万円が下りるなど、さまざまな特典があります。しかし保険は保険として考えればいい話で、五〇〇〇万円の死亡保障が下りる保険に入っているのに、さらにそれに一〇〇〇万円足す必要は全然ありません。ゴールドカードについている空港ラウンジの無料利用といった特典も、年に何回使うのか、考えてみましょう。出張などで頻繁に飛行機を使う人はともかく、年に数回程度の利用であれば、年会費を払うより、ラウンジで利用料を払ったほうが合理的です。

「カードの年会費ぐらい大したことない」と言う人がいますが、お金とのつきあいはそういう細かいことの積み重ねです。ATMの手数料にせよ、投資信託の手数料にせよ、払う必要のない手数料はできるだけ削るのがお金の大原則です。カードの年会費も同じことです。

リボ払いの恐るべき高金利

クレジットカードを使ううえで気をつけたいのは、リボルビング払い、通称リボ払いです。さきほど「テレビCMを大量に打っているのは、企業にとっておいしい商品」と言いましたが、リボ払いも同様です。消費者にとってさも有利なサービスであるかのように盛んに宣伝されていますが、なぜあんなに広告費をかけて宣伝できるのでしょうか。

それはリボ払いをしてもらうと、カード会社が金利収入を得られるからです。

普通はクレジットカードを使ったら、翌月に一括で引き落とされます。分割払いにすれば、毎月その金額が引き落とされます。

ところがリボ払いはそうではありません。たとえば一〇万円分買い物をしたら、毎月一万円、一万円、一万円と返していくのがリボ払い。どれだけ使っても返済額が一定なのが特長です。

リボ払いの何が問題かというと、普通の人が想像している以上の高金利がかかるからです。たとえば使ったのが一〇万円だったら、最初の月には一万円しか返さないから、あと九万円が残っています。その九万円に十数%という金利がかかって、借金額は九万円に金利を足した金額になります。また次の月も一万円払えば、残りは八万いくらなのですが、やはりそれに十数%の金利がかかります。減っては増え、減っては増えで返済がなかなか終わらない。もちろん長い間にはじりじりと減っていきますが、完済するまでにはものすごく金利をとられています。

アメリカにクレジットカード依存者が多いのは有名ですが、リボ払いもいかにもアメリカ的な発想です。「枠が空いているなら借りないと損」という考えです。「一〇〇万円の枠があったら、一〇〇万円までものを買ってしまおう。返すのは毎月一万円でいいのだし」と考える。

実際にそのペースで返していくと、一〇〇万円借りたら、返済額は一六〇万円ぐらいになるはずです。

本人は「一〇〇万円の買い物をしたのに、返済は一万円ずつでいいなんて、ものすごく有利」と思っています。でも、貸すほうからしたら、こんな取りはぐれのない商品はありません。なぜなら借り手はカードが使えなくなってしまったら死活問題だからです。ブラックリストに載らないため必死に返済してくれます。それがリボ払いというものです。

カードは基本的に一括払いが原則です。二回払いまでなら、金利はかからなくて済みます。支出を減らす習慣づくりの一つとして、リボ払いはやめましょう。

カードローンの甘い誘いにもご用心

リボ払いの金利も高利ですが、最近、銀行が盛んに宣伝しているカードローンの金利も一三～一五％と、高利です。

CMやパンフレットなどでは、「一〇万円借りても一週間後に返せば、金利はたったの三〇〇円」などと宣伝されています。しかし私の感覚からすれば、「たった一週間しか借りていないのに、なんでそんなにとられるの？」という感じです。

一週間で金利三〇〇円ということは、一年は五二週ですから、一年に換算すると、一万五六〇〇円返さなければいけないということです。それを「一週間後に三〇〇円」という言い方をする。つまり、わざと短い期間をクローズアップすることで、払う金額を小さく見せているのです。三〇〇円と聞くと、それほど大きい金額とは思えない。そこに罠があります。

逆に預金は超低金利ですから、「一日あたりいくら」とは絶対に言いません。定期預金の年利〇・四％などと宣伝しても、年利換算ですから、一日当たりで言えばたった五円です。「顧客が受けとるものはできるだけ大きく見せ、顧客が支払うものは小さく見せる」というのが金融機関のトリックなのです。

銀行の金利にしても借金の金利にしても、とにかく金利に関しては無頓着な人が多すぎるように思います。金利なんて何%だってあまり変わらないと思っている。しかしちょっと金利に敏感になるだけで、数千円単位で毎月の支出を減らすことも可能になります。

「お金を借りる能力」は有効に使う

「なるべく金利を払わないこと」がお金とのつきあい方の基本です。したがって、借金は基本的にしない。住宅ローンなどで借金をしたら、早く返すことを考えるべきです。

金利というものは、一分一秒、片時も休まずかかります。土日も祝日も関係ありません。

逆に、誰かにお金を貸しているなら、こんなにいいものはありません。自分が働かなくても、夜寝ている間も金利を稼いでくれる。預金も金利はすごく低いけれど、原理としては、自分が働かなくても、毎日せっせとお金を運んできてくれています。「金利はもらうもので、払うものではない」というのが、私の基本です。

ただし、投資の世界には別の考え方もあります。「お金を借りる能力を使えるなら借りたほうがいい」という考え方です。

たとえば、銀行からお金を借りるのは簡単ではありません。審査があるからです。公務員や大企業に勤務している人たちは、仕事が安定していて、返済能力が高いと見なされ、借りるのは簡単です。ところが、勤続年数の少ない普通の会社員だったら貸してもらえなかったりする。これはつまり、本人の信用力によってお金を借りる能力に違いがあるということです。しかし、信用力という貴重な武器を持っているのに、ほとんどの人はその能力を住宅ローンに使ってしまっています。

それよりも借りたお金を投資に使い、金利以上のリターンを狙うというのが、借入をして不動産投資をしている人たちの考え方です。

不動産投資はせっかくよい投資物件があっても、資金が借りられなくて断念してしまうケースが多いのです。信用力のある人ならお金を借りる力で投資をすることができるのです。

しかし住宅ローンとか、自動車のローンとか、カードのリボ払いのような消費のための借金は別です。なるべくしないこと。しても早く返すに越したことはありません。

すべて「ネットでできないか」と考える

支出を減らすために提案したいのが、あらゆることにインターネットを活用することです。原則として、たいていのことは同じものならネットで買うほうが安い。なぜなら店舗や人件費がかからないからです。ホテルの宿泊料も電話で予約した場合と、インターネットで予約した場合は値段が違います。

銀行もネット銀行のほうが金利が高い。ネット銀行でなく普通の銀行でも、振り込みをするなら、わざわざ店舗に出向くよりネットのサービスを使ったほうが、手数料が安くて済みます。

それにインターネットには「一覧性」という特長があります。たとえば証券口座の取引の履歴を見たいとき、ネットなら何年の何月と指定するだけでパッと出てきます。「六月末の取引報告書、どこにやったかな」と証券会社からの郵便物を探し回る手間がいりません。

インターネットには利用時間の制約がないという便利さもあります。

このように、金融とネットは特に相性がいいので、お金の出し入れに関することは基本的にネットでできないかと考えるくせをつけましょう。

現金だけは引き出さなければいけないけれど、ＳｕｉｃａやＰＡＳＭＯのような電子マネーが今より普及したら、まったくＡＴＭに行かなくても生活できるようになるかもしれません。

第4章

それでも投資は必要

預貯金と投資はどちらが有利か？

〈お金の方程式〉のうち、「収入」「支出」と並んで重要な変数は、「運用利回り」でした。すなわち「投資」によって資産を増やすことです。

この章では、投資の具体的な始め方を説明する前に、私自身の、投資についての基本的な考え方をお話ししたいと思います。

二〇〇八年に起きた世界金融危機の影響で、日本人の投資意欲は一気に冷え込んでしまいました。

以前から投資をしていた人は保有資産が減ってしまい、外貨投資をしていた人は円高のためやはり損をしている。二〇〇八年の一年間だけ見れば、投資しないで円を預貯金で持っていた人が一番損をしていません。

「お金は普通預金に入れておくのが一番いい投資だ」と主張する人もいます。

確かに預金であれば資産は減らないのが事実ですが、私は「投資より普通預金のほうがいい」とは思いません。なぜなら正しい知識さえあれば、投資で着実に資産を増やせると思うからです。

普通預金に預けっぱなしの人は銀行に搾取されている

私が思うに、普通預金にお金を預けっぱなしにすることは、銀行に搾取されているようなものです。

銀行がその預金をうまく投資してくれれば利息がたくさんつくのですが、実際は、運用によって増えたお金は銀行員の給料や銀行の利益になり、残りが預金者の金利になっています。

都市銀行の資産の内訳を表すバランスシートがあります。これは銀行がどういう経営をしているかを公表するもので、決算期に新聞に掲載されるので誰でも見ることができます。このバランスシートの「資産」の内訳を見てみましょう。

この使い道を見ると、その一部は国債の購入に当てられているのです。

昔は銀行は預金を預かり、そのお金を企業に貸し付けて、資金面だけではなく経営のサポートもしていたのです。銀行は投資先のリスクをとる代わりに、それに見合ったリターンも得ていました。つまり一〇〇社にお金を貸したら、そのうち一社はつぶれてしまうかもしれない。けれど、残りの九九社からきちんと金利が入ってくる。そこから銀行の手数料や銀行員の給料などを全部引いても、預金者に金利を払えるシステムが成り立っていた。

ところが今は、不良債権になることを恐れて、銀行が企業への融資に慎重になりました。一方で、一般の人はお金を預けるのは預金が一番いいと思っているから、お金がどんどん集まってくる。しょうがないから貸出しで消化できないお金で国債を買う。国債を買うと金利がつきます。今は金利がだいぶ下がっていますが、たとえば一〇年国債でも一・三〜一・五％ぐらいあります。ところが普通預金の利息は、今〇・一％以下です。もちろん金利は上がったり下がったりするので、銀行にもリスクはあるのですが、銀行にしてみればほとんど金利を払うことなくどんどんお金が集まってきて、それを一・五％で運用することができる。その差益が、銀行員の給料や店舗コストや粗品のティッシュなどになっているのです。これが「銀行に搾取されている」というゆえんです。

それなら、直接自分で国債を買うほうがまだマシです。国債は何も金融機関だけが買えるものではなく、一般の個人でも自由に買えます。

国債を買えば一・三〜一・五％の利息を直接自分のものにできます。もしこの先一〇年間ぐらい使わないお金があるのなら、それで一〇年国債を買えば、毎年一・三〜一・五％を国から直接もらえます。変動金利で半年ごとに金利が見直される個人向け国債でも、〇・五％程度の金利がつきます。銀行より国にお金を貸すほうが金利が高いのはそもそも変な話ですが、現実はそうなのです。

国債にもリスクはありますし、一〇年ものと変動金利のものとでは金利が違うなど、購入に際しては商品知識が必要です。しかし普通預金にお金を置いておくということは、いわばケーキの一番おいしい部分を銀行員がぱっくり食べてしまって、預金者はこぼれたくずを食べているようなものであるのは事実です。

また、預金にはインフレのリスクもあります。インフレになれば金利は上昇しますから、普通預金に預けていてもそれなりの利息はつきます。しかし、預金金利は上がるときは遅れて、下がるときはすぐに市場の変化に対応します。だから預金金利の上昇でインフレに対応しようとしても間に合わない可能性が高いのです。

今はデフレですが、これから五年、一〇年先はインフレのリスクを見ておく必要があります。日本の財政事情はもともとそれほどよくありません。今後、借金がさらにふくらんで国債をどんどん発行するとなると、最後はやはりインフレにするという選択肢しかない。ということは、現金の価値が目減りしてしまう。それに備えるためにも投資を始めるべきです。

一番安心できる金融マンは誰か？

もう一〇年以上、日本の銀行の普通預金は〇・一％以下の低金利が続いています。それなのに、銀行にお金を預けることしか知らない人がたくさんいるのはなぜでしょうか。

それは証券会社はなんだか手数料で儲けているような悪いイメージがあるけれど、銀行にはそういうイメージがあまりないからではないかと思います。

たとえば郵便局員と（郵便局はゆうちょ銀行になりましたが、一般的なイメージではまだ郵便局のままです）、銀行員と証券マンの三人がいるとします。

「この三人の中で、お金の相談をする場合、誰が一番安心ですか？」

と聞くと、ほとんどの人は郵便局員と答えます。特に田舎の人はそうです。「長いつきあいだから絶対に嘘をつかないし、安心できる」という理由です。

逆に一番信用できないのは、証券マン。「証券会社の人はすぐ変な商品を売って騙《だま》す」とか、「手数料ばかり稼いでいる」と思われている。イメージランキングは一位が郵便局員、二位が銀行員、三位が証券マンなのです。

ところが実際に投資に関する知識の豊富さはまったく逆で、一位が証券マン、二位が銀行員、三位が郵便局員です。それは、投資商品の販売経験年数の違いによります。

世界金融危機によって、投資信託の値段が大きく下がりました。かつて中国株や不動産や外国株のファンドを売った銀行の窓口の人たちは、顧客から文句を言われて困り切っている。

証券会社の人は経験があるから、「こんなに値段が下がっちゃって、これからどうなるんですか」と客が怒鳴り込んできても、「まあまあ落ち着いてください。オバマさんはこういう金融政策を打っています」などと話して、今後の対応についてしっかり説明できるのです。

ところがずっと定期預金ばかり売っていた銀行員は、急に投資信託を売れと言われて始めただけだから、急落時にどうすべきか経験がない。突っ込まれるのが怖くて説明できません。「これからどうしたらよいのですか？」などと聞かれても、「すみません、ちょっとお待ちください」などと言って、課長あたりを呼んでくるのが関の山です。

郵便局員については敢えて申し上げません。

このようなことを考えると、投資の相談で一番信用できるのは実は証券マンで、次が銀行員。田舎の小さな郵便局の局員は投資信託をどう説明しているのか。直接聞いたことはありませんが心配になります。

投資家の誤解から敬遠されているという点では、ネット証券も同じです。ネット証券には、自分でパソコン上で注文を出せば手数料が安いとか、二四時間いつでも取引できるといったメリットがあります。ところが、「担当の人の顔が見えると安心だから」と言って、手数料が高い証券会社の店頭に行く人が多い。担当者から「大丈夫ですよ」とか、「ここは様子を見ましょう」とか、「ここは買いです」などと言ってほしいだけだとすれば、もったいないことです。自分でネットのレポートを見れば、同程度の情報はすぐとれます。これでは自分の高い手数料で証券会社の担当者の給料を払ってあげているようなものです。

「正解がない」「結果が見えにくい」のが投資

もう一つ、日本に投資が根付かない理由があります。それは「投資というものは、すぐに結果が見えにくい」ということです。たとえば世界金融危機が起きた二〇〇八年の一年間で見ると、「真面目に投資をしても結局報われなかった」という結果になってしまっています。

おそらく二〇〇八年の一年間だけで見ると、金融資産の価値が大幅に下がった投資家が大半だと思います。しかしこの先ずっと下方に向かっていくかと言えば、そうではない可能性のほうが高い。経済は成長するのだから、今年は下を向いていたかもしれないけれど、来年はまた少し上向きになり、再来年はそれより少し上がる。こんなふうにして続けていくと、いずれはずいぶん値上がりしていることになるはずです。過去のデータを見ても、一年で絶対に儲かるとは保証できませんが、だいたい五年から一〇年かけて分散投資をすると、トータルのリターンはプラスになってきていることがわかります。

また、「投資には正解がない」ことも、根付かない理由の一つでしょう。経済は刻一刻と移り変わっていくので、Aの投資よりBの投資のほうがいいという証明ができません。

アメリカの投資家で、ウォーレン・バフェットという人がいます。投資だけで五兆円の資産をつくった人です。じゃあ私がウォーレン・バフェットとこれから同じことをやれば、五兆円儲けられるかというと、それはわからない。

あるいは、一〇年間で資産を一〇〇倍に増やしたファンドマネジャーがいて、その人に運用を頼んだら、次の一〇年で再び一〇〇倍にしてくれるのかというと、やはり同じ結果になるとは限りません。実際にファンドマネジャーの運用成績を見ていると、過去はよかった人でも次の三年になると急にダメになってしまったりするケースが少なくない。投資には「絶対これをすれば儲かる」という正解がないのです。

「今使うお金」と「将来に送るお金」のバランス

それでも私が、投資は必要だと考えるのは、投資は単にお金を増やす行為ではなく、生涯にわたって豊かな人生を歩んでいくために、不可欠のものだと考えるからです。

「投資とは何か」という定義にはいろいろなものがありますが、私はよくこんなふうに説明します。

投資とは、今使えるお金を将来に送ることです。

逆にお金を借りるということは、将来使えるお金が使えなくなってもいいから、現在に持ってくるということです。

投資が、預金と違う点は、単に将来に持っていくだけでなく、その時間を使って増やせることです。預金も少しは金利がつきますが、今普通預金の金利は〇・一％以下でほとんどゼロ金利だと言っていい。一般的に投資の場合は運用の利回りがそれより大きいのです。

投資によって今の一〇〇万円が、うまくいけば二〇〇万円ぐらいになっている可能性があります。これは七％で運用できたと想定した場合の一〇年後の結果です。

今一〇〇万円使ってしまうのと、一〇年後に二〇〇万円手にするのと、どちらを選択したほうが得でしょうか。もし今すぐ使うあてのないお金が一〇〇万円あるのなら、投資したほうがいいのは言うまでもないでしょう。これが「今使うお金」と「将来に送るお金」のバランスをとるということです。

たとえば投資によって将来一〇〇〇万円得られるとしても、将来五〇〇万円しか必要ないのなら、五〇〇万円余ります。それならそれは現在に持ってきて、若くて元気なうちに使ってしまったほうがいい。

一番いいのは、お金の送り先が現在と将来のどちらかに偏りすぎることのないよう、常に意識しながら生きていくことです。ところがまわりを見渡すと、そういう人は少ない。前述したように、何も考えずに、あればあるだけ使ってしまうか、もしくは爪に火をともすような生活を送り、死ぬときに使い切れなかったお金を残して死んでいくか、どちらか極端な人が多いのです。どちらも、あまり幸せな人生とは言えません。その最適なバランスを実現するためのツールが「投資」だと思います。

老後の資金づくりに最適な長期分散投資

それでは具体的に、どんな投資をすればいいのでしょうか。私がおすすめするのは、「長期分散投資」です。

簡単に言えば、特定の産業や銘柄に投資するのではなく、世界中の金融商品全体に広く薄く、一〇年単位の長期にわたって投資する手法です。

世界経済は一時的にマイナスになることもありますが、新興国なども含めれば基本的にプラスの成長をしていくものです。株式市場や債券市場も短期的には上がったり下がったりしますが、長期的には市場全体の成長に連動して上がっていきます。経済規模が大きくなると、その分そこに置いてある資産も増えます。

株のように「ソニーが値上がりする」とか「トヨタは割安だ」と判断し、特定のところにお金を持っていくやり方は、ルーレットで言えば「赤の3」のように一つの目に賭けるのと同じです。一方、長期分散投資はルーレットで言えばすべての目に少しずつ賭ける方法です。当たったときの儲けは少ないけれど、大きく外れることがない。本物のルーレットは、期待値を計算すると損をするようにできていますが、長期分散投資の場合は、世界経済というルーレット全体が大きくなれば、全員が得をします。

「ここはすごく増えたけれど、こちらはそうでもない」といった成長の凸凹《でこぼこ》はあるけれど、全体で見ればプラスになるというのが分散投資の理論です。したがって、特定の場所をピンポイントでねらうのではなく、なるべくいろいろなところに分散させるほうが安全ということになります。

また、上がるときも下がるときもあるけれど、長い期間続けていれば、いずれは少しずつ増えていくというのが長期投資の考え方です。ここから、長い間かけて少しずつ投資するのがいいという方法が導かれます。老後資金をつくろうとしている人には最適な方法だと思います。

世界経済は成長し続けるという前提条件

「長期分散投資がプラスになる」ためには、世界経済が成長することが前提条件の一つです。でも本当に経済成長は続くのでしょうか。

私は「続く」という意見です。その根拠は二つあります。

一つはこれからも世界の人口が増えることです。日本は少子高齢化が進んでいますから、なかなかそういうイメージを持ちにくいですが、世界の人口はまだどんどん増えています。いずれ一〇〇億人になるのも時間の問題です。

人口が増えるということは、経済規模が大きくなるということです。人口が一万人の経済よりも二万人の経済のほうが、単純に消費も生産も倍になりますから、経済規模は大きくなります。もっともアフリカの貧困国のような、貧しい人々の人口ではなく、新興国のミドルクラス以上の人口増加です。

今世界では、このようなミドルクラスの人たちが、高級車に乗ったり、ワインを飲んだりという暮らしを始めています。その代表がＢＲＩＣｓ（ブラジル、ロシア、インド、中国）のような国の人たちです。

このように、資本主義の経済圏はどんどん広がっています。今まで先進国がＧ７という七カ国で世界経済について協議していたのに、それがＧ20になり、二〇カ国が経済問題を話し合うようになりました。今後の経済成長が見込めるこれらの国も含めて投資を考える段階に入ったと言えるのです。ただ新興国は政情が不安定だったり、経済システムが脆弱だったりするなどの問題もあります。そこで投資先をいろいろな国に分散させ、リスクを回避する必要があります。

私が世界経済が発展すると考えるもう一つの根拠は、技術進歩です。イノベーション（技術革新）によって生産性が上がり、新しいマーケットが生まれて商品が売れるようになる。技術革新がこれからも起こる限り、経済全体のパイも大きくなって経済成長するはずです。

たとえば、技術進歩がなくなり、「携帯電話もこれ以上進化しない」「車ももうこれで限界」「世の中はこれ以上進みようがない」となったら、経済成長もなくなるでしょう。新興国の人たちが「都会で働いて車に乗ろうかと思ったけれど、やはり田舎に帰って農業をしよう」となったら、経済成長はマイナスになるでしょう。あるいは世界中で人口が減少し始めれば経済のパイが小さくなって、経済成長は止まるかもしれません。

しかし、そんなふうに今の世の中の流れが逆回転し始める可能性は低いと思います。日本は人口が減少したとしても、世界の人口増加は新興国を中心に続くでしょうし、一度便利な生活を手に入れた人がそれを手放すことはありません。経済成長はまだ続く可能性のほうが高いと考えるのが自然ではないでしょうか。

これは「個別の銘柄が上がるかどうか」や「投資のタイミングはどこか」を当てるより、可能性の高い予測だと私は考えます。

投資と投機はどこが違うのか？

投資と投機はどう違うかということについても、私の考えを述べておきたいと思います。投資はインベストメント、投機はトレーディングと言われることもあります。定義はいろいろありますが、私は次のように考えています。

投資とは、新しい価値が生まれるもの

投機は、新しい価値が生まれないもの

たとえば株式投資された資金は、企業の経済活動に使われ、世の中に新しい価値が生まれて、その会社が成長していきます。

セブン-イレブンは日本のコンビニエンスストアのさきがけで、できた当初は江東区の豊洲に一店舗だけでした。しかしその後の成長ぶりはあらためて説明するまでもありません。もしセブン-イレブン（セブン&アイ・ホールディングスと名前は変わっていますが）が初めて上場したとき株を買っていた人は、投資した資金が数百倍になっています。

株価が一〇〇倍になった会社があるとすれば、一万円投資した人は一〇〇万円に増えているし、一〇〇万円投資した人は一億円を手にしているはずです。

しかし、一〇〇万円を一億円に増やした人がいる一方で、一億円持っていたのに一〇〇万円に減ってしまった人がいるかと言えば、そんな人はいません。成長する企業の株に投資した人は、みんながハッピーになっています。会社の価値が成長によって大きくなったので、一人あたりの分け前が増えたからです。

このように成長に投資していると、基本的には誰も損をしない。これが投資です。ところが投機は違います。

たとえば朝九時にある会社の株を一〇〇円で買い、九時五分に一一〇円で売りました。一〇円得をしました。ではその会社が五分の間に一〇%成長したのかと言えば、そんなことはありません。

全体の価値は変わらないわけですから、どこかに一〇円損をした人がいるということです。一〇〇円で買って一一〇円で売ったということは、どこかに一一〇円で買って一〇〇円で売った人がいるということです。

これはじゃんけんをするのと同じです。友人五人で一万円ずつ出してじゃんけんで勝ったら全部もらえるとする。勝てば五万円ですが負ければゼロ。全員の損得を合計するとプラスマイナスゼロです。このようにゼロサムで、価値が生まれないのが投機です。

結局、投機は、自分より出来の悪い人を見つけてきて、その人からいかに合法的に搾取するかに尽きます。パイを切り分けるとき、自分の分をどれだけ大きく切るかということです。

投資は、パイ自体を大きくしていく発想です。会社が設備投資して、商品開発して、商品を売り出して、売れて、業績に反映されるまでには三年、五年とかかるので、投機よりも増えるのに時間がかかります。

しかし投資は、基本的に投機より成果が出やすいと思います。世界経済が成長していくという前提が正しいとすれば、世界全体に投資しておけば、全員が成長していくときに一緒に乗っていける。他人を出し抜いて利益を得るよりはるかに簡単だからです。

投機よりも投資をしたほうがいい、というのが私の考えです。

第5章 お金を増やす

投資は社会全体の役に立つ行為

この章では、いよいよ具体的に投資について考えていきます。

そもそも投資には三つの効用があります。

一つ目はなんといってもお金が増えること。

二つ目は自己成長できることです。投資をすると、経済に興味が出てきます。自分の資産の増減に直接関わることなので、「なぜ金利が上がったり下がったりするのだろう」とか、「どうして為替は円高になったり円安になったりするのだろう」ということへの関心が高まります。それにより、経済についての知識と経験を増やすことができます。

三つ目の効用は、社会貢献です。投資をすることによって、社会全体の役に立つことができる。

これはどういうことかというと、たとえばお金をたくさん持っている人が、使わない分を家にしまいこんでタンス預金にしたとします。それは減りもしませんが、増えもせず、世の中に何の影響も与えません。

ところがそのお金で、どこかの会社の株を買ったとします。株を買ったということは、その会社の資金調達のサポートをしたのと同じことです。会社は、調達した資金を使って事業をします。事業がうまくいくと会社の利益が出て、会社の利益が出ると株価が上がり、投資した人は株の値上がり益、あるいは配当を受けとることができます。逆に事業がうまくいかないと利益は出ず、最悪の場合は会社がつぶれてしまって、投資したお金は戻ってきません。

自分が拠出したお金を使った会社が、社会に価値のある商品やサービスを提供する。その商品やサービスが世間で認められて、会社の事業が拡大する。つまり株を買うことは、会社の成長のお手伝いと同じことです。そして、その貢献に対する社会からの感謝が投資のリターンなのです。したがって投資で資金を増やすことは、ある種の社会貢献と言えるのです。

よく「働いて得たお金は尊いけれど、投資で得た金はあぶく銭」というようなことを言う人がいますが、それは違うと私は思います。投資とは社会的な行為です。もちろん自分のお金を増やすことが投資の一番大きな目的なのですが、決して自分だけが利益を独占するようなものではありません。

お金を一人で抱え込んではいけない

お金を持っている人がやってはいけないのは、お金を自分一人で抱え込んでしまうことです。「お金は経済の血液である」という言葉を聞いたことがないでしょうか。全員が後生大事にお金を抱え込んだら、資本主義経済はまったく動かなくなってしまいます。

みんなが一生懸命ビジネスをして、新しいサービスや商品が生まれ、たくさんの人がハッピーになっていくためにはお金が必要です。お金はある意味で社会の公器であり、お金を持っている人は投資をする義務があるとさえ私は考えています。

前にも登場したウォーレン・バフェットは、アメリカでは「オマハの賢人」と呼ばれています。彼は労働をしているわけではなく、投資家です。ボロボロの家に住み、清廉な生活をしながら、毎日勤勉に投資をしています。そして、投資をすることで尊敬を受けている。それはバフェットが株を買うことで、投資された会社は社会の役に立つビジネスを行っているからです。

彼は二〇〇八年の世界金融危機直後に、人々が投資に消極的になっていたとき、株を買い始めたと宣言して話題になりました。そんなふうに下がったときには買い支えてくれて、上がったときには売って過熱を抑えてくれるのですから、マーケットにとってはとてもありがたい人です。

ところが日本では外資が安値で不動産などを買うと「ハゲタカ」とたたかれる。下がってくるところで買ってくれるのだから、本当はありがたいと思わなければいけないのです。投資は社会貢献であるという考え方がまだ根付いていないからなのでしょう。

投資の鉄則五つのキーワード

さて、実際に投資を始めるにあたって、いくつかの鉄則があります。そのなかでも特に初心者の方に知っておいていただきたい鉄則について、次の五つのキーワードで説明します。

1 長期
2 分散
3 低コスト
4 インデックス
5 積み立て

キーワード1　長期

投資を始めて一〜二年後は、正直言って儲かっているかどうかわからない状態があるかもしれません。たとえば二〇〇八年などは、世界金融危機の影響で、一年で区切った投資のリターンはマイナスの人がほとんどでした。

ところが過去のデータを一〇年単位で見ると、プラスのリターンが実現できていることがわかります。投資は長期で行うのが鉄則です。

キーワード2　分散

たとえ長期間投資しても、たった一つの会社だけに投資するのは危険です。有り金をはたいてある会社の株を買い、一〇年間そのまま置いておこうと思ったら、五年後にその会社がつぶれたという可能性も決してゼロとは言えません。

したがって二番目の鉄則として、「分散する」ということが大事です。

日本の株式だけでなく、日本の債券、外国の株式や債券など、いろいろなものに分散をさせておくことで、リスクを抑えることができるのです。

日本人はまだ投資イコール株式投資だと思っている人が多く、株以外の投資についてまだ消極的です。しかも心情的に、なじみ深い自国の株に投資をする傾向があります。そうではなく、もっといろいろな投資方法にお金を分散したほうがいい。

今は相関が高まっているため分散の効果が得られにくいという意見もありますが、それでも分散しないよりはしたほうがいいのは確かです。

キーワード3　低コスト

投資には手数料など、コストがかかります。手数料などは極力安く抑えることを意識しましょう。コストを減らすことは、確実にリターンが上がる方法です。

キーワード4　インデックス

四つ目の鉄則は、「インデックス運用」をやろう、ということです。

インデックスとは英語で見出しとか索引という意味ですが、金融用語では「日経平均株価」とか「東証株価指数（TOPIX）」など、市場の平均をあらわす指数のことです。

インデックス運用とは、この市場平均と同じ運用益を狙う投資方法です。TOPIXや日経平均が一〇％上がったら自分も一〇％上がる。二〇％上がったら自分も二〇％上がる。

これがインデックス運用です。個別銘柄の株式の運用ではなく、指数の算定に採用されている株式を買い揃えることにより指数に連動するように運用する方法で、基本は投資信託です。

そうではなく、平均を上回る運用益を狙うやり方もあります。たとえて言えば、平均点が六〇点のテストで、七〇点とか八〇点を狙いにいくようなものです。これを「アクティブ運用」と言います。

ではアクティブ運用をしたら絶対に平均より上にいくかというと、そんなうまい話はない。平均を下回る人もたくさんいます。平均点が六〇点のときアクティブ運用で八〇点をとりたいと思っても、「実際は四〇点でした」となる可能性もあります。なぜならアクティブ運用をするためには、運用能力がないと難しいからです。

そこで出てきたのが、プロに頼んで運用してもらう方法です。

自分の力でやる投資の代表的なものが、銘柄を自分で選ぶ株式投資ですが、プロに任せてやってもらうこともできます。ファンドマネジャーに運用してもらう投資信託（アクティブファンド）を使うとアクティブ運用ができます。

まとめると、投資の仕方には大きく分けて、「平均点をとりにいく」「自分で平均より上を狙いにいく」「人に頼んで平均より上をとってもらう」の三つがあるということです。

どれが一番いいかというと、まずは平均をとりにいくのが一番いいと思います。なぜなら平均より上を狙うのはプロでさえいつもうまくいくとは限らないからです。現にプロのファンドマネジャーがアクティブファンドを運用していますが、平均より上の成績をとれているファンドは半分ぐらいしかありません。

結局プロに頼んでも、上にいくか下に行くかは一か八かの世界です。プロのアクティブ運用には高い手数料がかかります。だったら、最初から平均を狙うほうがいい。それにインデックス運用のほうが手数料が低いので、投資コストを抑えられるという利点もあります。

それでは人任せでなく、自分でやるとどうなるかというと、ほとんどの個人投資家は勝てません。みんな平均より下にいってしまうのです。なぜなら個人の陥りがちな、行動心理学の罠にはまってしまうからです。

好きな会社の株を買ってはいけない理由

行動心理学上、人間が陥りがちな失敗について述べておきましょう。

株式投資の初心者はトヨタとかソニーとか、有名銘柄を買いがちです。ほかにも愛用している化粧品会社や、毎日通っているコンビニのような、自分が好きな会社、応援している会社、有名な会社の株を買ってしまうのです。

そのような買い方をすすめる初心者向けの株の本などもあります。確かに身近な会社やよく知っている会社の株を買えば、持っているだけでワクワクするかもしれません。

たとえばトヨタとかソニーのような会社は、毎日何万株という出来高（売買の成立）があって、たくさんのプロの投資家が注目しています。トヨタが円高でいくら損するとか、工場で車が何台生産されているかとか、株価の参考になりそうなものは、みんなチェックしています。たとえば「減産しなかった」とか、あるいは「コストが下がった」という企業情報があれば、すぐに株価に反映されます。今公開されている情報は株価にほぼ織り込まれていると見てよいでしょう。ということは、高くもないけれど安くもない、適正な株価がついているので、そういう株を買っても、あまり儲けがありません。

さらに自分が応援している会社とか好きな会社というと、消費財の小売業種が多いのですが、自分が応援しているということは、ほかの人も応援している人気のある会社であることが多い。

人気のある会社は、自分が買おうと思う前に、とっくにファンの人が買っているから割高になっています。適正な価値が一〇〇〇円であるところ、一一〇〇円とか一二〇〇円の株価がついている。このような株を買っても、割高になっている場合が多く、やはりあまり儲かりません。

投資で利益を出すためには、本当は一〇〇〇円の価値があるのに、今七〇〇円で売られているような株を買う必要があるのです。

株で儲けるためには、本当はとても優れた会社なのに地味であったり、みんながダメだと思っていて、安い株価がついていたりするような会社の株を買わなければなりません。そういうことができるのなら買えばいいのですが、できないのならそこには手を出さず、インデックス運用にしたほうがいいということになります。

期待のバリュー君、冴えないグロース君

株価の予測が難しいのには、次のような理由もあります。

投資初心者に限らず、多くの人は、ニュースで取り上げられたりするような、話題性のある成長している会社が好きです。このような株を「グロース株」と言います。

ところがいろいろ調べてみると、投資リターンとしては、地味で成長性が低くて、あまり市場で注目されていないような会社のほうがいいのです。これは「バリュー株」と呼ばれる株式です。

「グロース株」のグロースとは英語で「成長」、つまり成長している会社の株のことです。「バリュー株」のバリューは割安とかお値打ち、つまり割安な株という意味です。別名ボロ株とも言います。

このグロース株とバリュー株に株式を分類して、平均してどちらのリターンがいいかを調べたら、「バリュー株のほうがよかった」という結果になりました。

なぜでしょうか？　これも行動心理学的に説明できます。たとえばダメだと思っていた会社が、やはりダメだったらそれは当たり前です。逆にダメだと思っていた会社が、いい業績だった。これはいい意味で驚きですから、ポジティブ・サプライズです。

バリュー株のように、もともとあまり期待されていない会社は、業績が悪くても、「ああ、悪かったの」ぐらいで、株価がネガティブな反応をしない。ところが急によくなってくると、「これはすごい！」と、急に株価が上がり始めることがあります。

逆にグロース株には成長するはずだという期待があるから、成長しても当たり前。伸びてもあまり反応しない。ところが「成長率が二桁のはずが一桁に鈍化しました」というように伸びなかったときは、「ああ、もうダメだ」ということで、株価が急に下がったりします。これがネガティブ・サプライズ。

つまりバリュー株はポジティブ・サプライズに反応しやすく、グロース株はネガティブ・サプライズに反応しやすいのです。

これを会社に新入社員が二人入ってきた話にたとえてみましょう。

一人は有名大学卒で、背が高くて恰好よくていかにも仕事ができそうな奴。これがグロース君です。

もう一人は、今一つ冴えなくて、あまり聞いたことがない大学を出た、「こいつ大丈夫なのかな？」という奴。これはバリュー君。

仕事をさせてみたら、両方ともほとんど同じぐらいの実力だった。こんなときにどうなるかというと、最初から期待されていないバリュー君は、「けっこういいね」ということで、株が上がる。

ところがもともと期待されているグロース君は、「なんだ、たいしたことないじゃない」と言われてしまって、評価が下がる。

バリュー株とグロース株の関係も、これと同じです。

人間はどうしても、期待と現実との間で揺れ動いてしまいます。だから行動心理学的な見地から言っても、正確に株価を予想するのは難しいのです。

キーワード5　積み立て

投資の鉄則の五つ目が、毎月定額で積み立てて投資をするということです。これには「買う時間を分散させる」という効果があります。

積み立てで投資をするといっても、どういうことかイメージが湧かないかもしれません。お給料が入ると毎月一定額が天引きされる銀行の積み立て定期預金があります。これと同じように、投資信託や株式のなかにも、毎月一定額の自動引き落としで購入できる商品があるのです。このような購入方法をドルコスト平均法と言います。

毎月一万円、ある株を買うとします。株価が一万円のときは一株買えます。株価が半分に下がって五〇〇〇円になると、二株買えます。株価が二万円になると〇・五株しか買えません。下がったときにはたくさん株が買える。上がってくると少ししか買えない。これを平均すると、たとえば毎月同じ株数を買う方法と比べて、購入単価を下げることができ

図4 定額で積み立てるドルコスト平均法

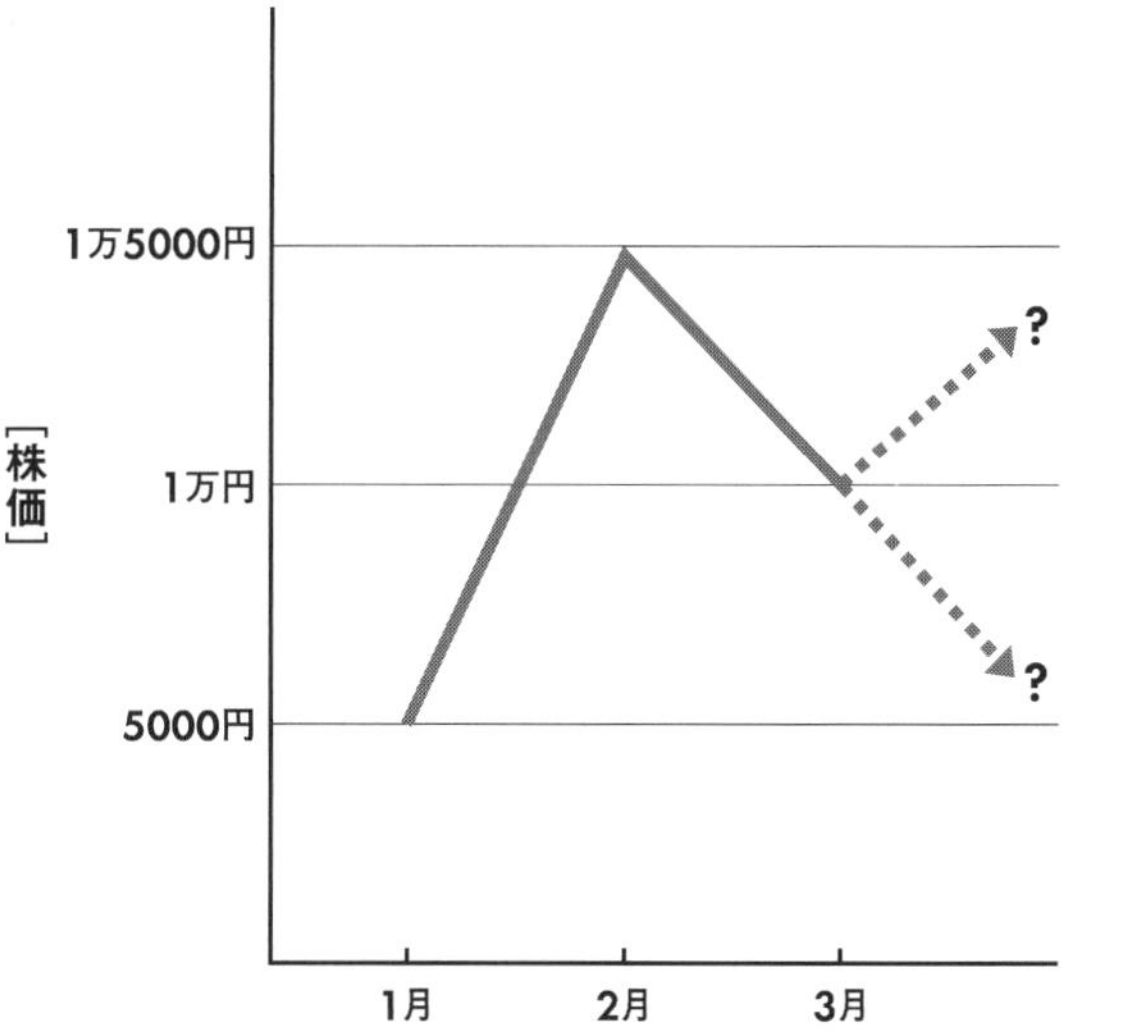

	1月	2月	3月	
一定数を購入	3株 (1万5000円)	3株 (4万5000円)	3株 (3万円)	➡ 9株 (9万円)
				^
一定金額を購入	3万円 (6株)	3万円 (2株)	3万円 (3株)	11株! (9万円)

る方法です。

たとえばある年の一月、二月、三月に、ある株を買ったとします。株価は各月で五〇〇〇円、一万五〇〇〇円、一万円で推移しました。

三株、三株、三株というように、毎月同じ株数を買うと、合計で九株買えます。いくらかかったかと言うと、一月は五〇〇〇円で三株だから一万五〇〇〇円、二月は一万五〇〇〇円で三株だから四万五〇〇〇円。三月は一万円で三株だから三万円、合計九万円です。

では同じ株数でなく、三万円、三万円、三万円というように、ドルコスト平均法で毎月一定額購入したとしましょう。五〇〇〇円のときは三万円だから六株買えます。一万五〇〇〇円のときは三万円だから二株です。一万円のときは三株です。すると同じ九万円という投資額で、合計で一一株買えます。

この話を聞いて、

「それなら一番値下がりした一月の時点で九万円を全部使えば、一八株買えるじゃないか」

と思う人がいるかもしれません。確かに、一番安いときを狙って有り金全部を投じていれば、最も大きいリターンが得られたのは事実です。

しかしそれはあくまで結果論です。最も安いときを予測することはとても難しい。ドルコスト平均法が優れている点は、「安いときにたくさん買おう」と思っていないことにあります。ただ、単純に三万円、三万円、三万円と買い続けるだけでいい。

欲望と恐怖を克服する仕組み

私は一〇年近く、春と秋の年二回、早稲田大学オープンカレッジで投資について講座を開いています。二〇〇九年の秋は金融危機の影響で、受講生がかなり減りました。ところが株が上がっているときは、同じセミナーでも受講希望者が殺到してキャンセル待ちになったりします。ここにも人間の心理がよく表れています。

株価について言えば、人間は株価が下がると恐くなって、上がると欲が出てくる。景気のいいときは投資をしたくなるし、悪いときは投資したくなくなるのです。

だからといって株が下がっているときにたくさん買えるかというと、それはまず買えないと思ったほうがいい。プロのファンドマネジャーでさえ、この心理からはなかなか自由になれません。

儲かってくると「もっと儲けてやろう」と思うし、損し始めると、「絶対にこれ以上損したくない、株はもうやらない」と思う。ところがまた上がってくると、ころっと忘れて、「そう言えば昔、金融危機なんてあったよね。やっぱり投資しないと損だよね」となる。この欲望と恐怖が、バブルとその崩壊を繰り返すのです。

このような欲望と恐怖を克服するためには、積み立てで機械的にやるのがいい。努力や意志とは関係なく、淡々と少しずつ買い続ける仕組みをつくるのが一番です。

「積み立ては意味がない」と言う人もいます。確かに、本能的な感情を抑えていつでも必ず合理的に行動できるのであれば、積み立ては意味がないかもしれません。みんながダメと思うときに平然と買うことができて、みんなが熱狂しているときに冷静に売ることができる人だったら必要ないでしょう。しかし、それができるならプロの投資家になれます。

さきほどもお話ししたように、投資のプロですら、平均的には半分以下しか勝てないのです。たとえば投資信託のアクティブファンドが二〇〇本あるとすると、TOPIXや日経平均より上回っているファンドは一〇〇本以下しかない。一〇〇本以上は負けています。

だから、いいときも悪いときも、コツコツ買い続けることなのです。特に大事なのは、下がったときに投資をやめないことです。頭では買い続けることの大切さをわかっていても、株式相場が冷え込んでいくと「どうもニューヨークが危なそうだ」とか「このまま日経平均が五〇〇〇円を割り込んだらどうしよう」ということでやめてしまう。でも積み立てにしておけば、自動的に天引きされていくから、下がったときも淡々と買うことができます。そうすれば、値上がりした後には「あのとき買っておいてよかったな」と思えるのです。

あなたも金相場の予言者になれる!

なぜインデックス投資がいいのかということについて、もう一度考えてみたいと思います。

たとえば市場の平均を上回るファンドが一〇〇本、下回るファンドが一〇〇本あったとします。

上回るファンド一〇〇本が、その次の三年間でどうなるかというと、その約半分は平均以下になるでしょう。上回っているファンドが五〇本、下回っているファンドが五〇本となって、勝ち続けるファンドはどんどん減っていきます。

もし一〇年間勝ち続けて生き残ったファンドがあったとしても、それがファンドマネジャーの実力によるのか、運なのかは本当にはわかりません。

たとえば宝くじの三億円に二回当たった人がいたとします。だからといって、その人は宝くじを当てる才能があるとは思わないでしょう。資産運用もそれと同じで、偶然の要素をゼロにすることは決してできないのです。

これを逆手にとり、偶然を必然に見せかけた詐欺もあります。

まず八人のお客さんに勧誘の電話をします。四人のお客さんには「来週になったら金《きん》は上がる」と言い、四人のお客さんには「来週、金は下がる」と言う。

そして実際に金が上がったら、上がると言った四人のうち二人には「その次の週にはまた上がる」と言い、残りの二人には「その次の週には下がる」と言う。次の週に金が下がったら、ずっと予想が当たり続けたこの二人のうち一人に「今度は上がる」と言って、もう一人に「今度は下がる」と言う。そうすればどちらか一人は必ず当たります。つまり、八人いて、三回予測すると、誰か一人は絶対に当たるように見せかけられるのです。

そして、当たった最後の一人は、三週間続けて当てられたということで、「この人は予言者じゃないの」と思ってしまいます。それがこの詐欺の手口です。

出し抜いて儲けることができなくなった現代

もう引退してしまいましたが、フィデリティという運用会社に、マゼランファンドという有名なファンドを運用していたピーター・リンチという人がいました。引退するまで一三年間、マゼランファンドの運用で勝ち続けて現役を退いた希有なファンドマネジャーです。

もし彼の方法が優れた投資手法だったとしても、みんながそのやり方を知って真似をすると、うまくいかなくなります。

なぜならみんなが同じことを始めると、儲かるチャンスはすぐなくなってしまうからです。これも投資の難しさの一つです。しかも現代は情報の伝わるスピードが速くなり、この状況に拍車がかかっています。

昔は金融の市場に「歪み」がたくさんありました。情報が伝わるのにタイムラグがあり、それを利用して、一回で一%とか、三%とか利益が上がる取引が可能でした。一〇〇億円のファンドを預かって、一%儲かれば一億円になります。この「歪み」を利用して、市場の平均を上回るリターンが実現できたのです。

ところが情報の伝達スピードが飛躍的に速くなり、情報は一瞬のうちに世界中に伝わるようになりました。みんなが一斉に同じことを始めると、一%抜ける取引チャンスがなくなってしまいます。

利ざやが〇・一%になったら、一〇〇億円のファンドでも儲けはたった一〇〇〇万円です。そこで一〇〇億円のファンドを一〇〇〇億円と同じリスクがとれるようにして、〇・一%でも一億円儲かるようにします。これが「レバレッジをかける」ということです。

薄い収益のところに濃縮したリスクを落とし込んでいるので、市場が逆回転すると、致命的なダメージになります。二〇〇八年秋の世界金融危機では、高いレバレッジをかけていたヘッジファンドなどが破綻していきました。大手投資銀行リーマン・ブラザーズの破綻も、この高レバレッジが原因です。

常に人が気がつかないような歪みを見つけそこから収益を得なければ、市場平均以下になってしまいます。もしそれが難しいと考えるなら、「だったらインデックス投資でいいのではないか」という結論が出てくるのです。

「どこまで下がっても大丈夫か」を考えておく

もっとも、いくらインデックス投資が堅実だとはいえ、「投資の不確実性とどうつきあうか」は、永遠に避けることのできない問題です。リスクのない投資は基本的に存在しません。投資において決めておかなければいけないのは、リスクをとるかとらないかではなく、どこまでどのようにしてリスクをとるのかです。

自分のお金が、最悪の場合はどこまで減るかを想定しておく。「それが現実になっても許容できる」という金額が、その人にとってのリスクの上限です。

投資をする人は、最初はみんな「いくら儲かるかな」「二割上がるかな、倍になるかな」と、よいことばかり考えます。「どこまで下がるかな」と考えて株を買う人はまずいません。株の場合はゼロになるところまで想定しないといけないのですが、誰もそんなことは思いません。しかし本当はそうではなく、「これが失敗したら、どこまで損をするのかな」ということを考えなければいけない。リターンからではなく、リスクから考えなくてはいけないのです。

具体的には、過去のデータを見て、一番下がったときはいくらまで下がったかを調べるのが基本になります。

もちろん、それだけでは完全ではありません。たとえば家を建てるときは、関東大震災の二倍の規模の地震に耐えられるように、といった設計基準があります。過去のデータによると、東京で一番大きかった地震は関東大震災で、マグニチュード七・九だったという記録に基づいています。しかし今後それより大きい地震が起きないとは限りません。お金の世界も同じです。二〇〇八年の世界金融危機は、関東大震災をはるかに上回る直下型地震のようなものでした。

それでも過去のデータは見ないよりは見たほうがいい。過去のデータ自体はどんどん塗り替えられるもので、いたちごっこ的な部分はどうしてもありますが、「これぐらいのリスクをとると、これぐらいのことが起きるかもしれないな」と、チェックしておくのが、リスクとの正しいつきあい方です。

金融機関と投資家は利益を奪い合う関係

投資を始めるにあたって、もう一つ、肝に銘じておきたいことがあります。それは金融機関の言いなりになってはいけないということです。

なぜなら金融機関と投資家とは、利害が相反する関係だからです。金融機関が手数料をとればとるほど、投資家はリターンが下がってしまう。金融機関は手数料を安くすると儲からない。したがって両者は敵同士というほどではないものの、基本的にＷｉｎ－Ｗｉｎの関係にはなり得ません。

ネット証券は、インターネットによる株取引でコストを削減し、手数料を一〇分の一にすることで競争力を維持しています。しかしどこまでも値下げしていたら会社が成り立ちませんから、当然そこには限界があります。

銀行だって、本当は普通預金の安い金利でたくさんのお金を置いてくれる人が一番ありがたいのです。金融機関とお客は、基本的にお互いの利益が相反する関係です。

ヘッジファンドのように、お客さんから預かったお金を運用するとき、儲かった利益の二〇％を受けとるというように、成功報酬体系にしているケースもあります。お客さんが得しないと自分も成功報酬をもらえない仕組みになっていたり、あるいはお客さんのお金に自分のお金も加えて投資する。このようなやり方でない限り、金融機関と投資家は同じ方向を向くことはできないのです。

投資を始めるなら、このことは必ず頭に入れておくべきです。

ところが、担当者との人間関係ができあがってしまうと、「担当の〇〇さんのおすすめだから」とすすめられた投信をそのまま買ってしまうとか、「ちょっと今月営業目標が厳しいんで、お願いします」と頼み込まれて買ってしまう、ということになりがちです。

普通だったら取引相手と仲良くなることは、あまり不利にはなりません。たとえば洋服のお店などでは、店員さんと仲良くなると、おすすめ品を教えてくれたりします。しかし洋服だったら掘り出し物があるかもしれませんが、金融の世界は違います。

前にもお話ししたように、もし金融商品にローリスク・ハイリターンの掘り出し物があったとすれば、それはミスプライスと言って値付けを間違った商品です。そして万が一こういう掘り出し物があったとしても、金融の世界ではすぐに誰かがめざとく見つけてしまうから、しばらくすると正常に戻ってしまいます。

金融商品に基本的には掘り出し物はありません。担当者がいい人であっても、金融機関のおすすめを素直に真に受けてはいけないのです。

間違った情報もまかりとおるマネー誌の世界

次に知っておくべきなのが、「金融のプロ」と称する人たちは、玉石混淆《こんこう》だという事実です。つまり優秀な人とそうでない人が入り乱れて存在している。

マネー誌などを見ていても、人気のあるアナリストが「こんな理屈はないんじゃないか」と思うようなことを堂々と発言しています。意図的に間違った情報を書いているのか、それとも本当に間違っているのか、判断がつきかねることもよくあります。

玉石混淆の世界で、どれが玉でどれが石かを見分けるのは、とても難しい問題です。ただ、少なくとも将来の予想が正確にできる人は、最初からいないと考えて臨んだほうがいいと私は思います。

たとえば私がこの本で書いていることにも、どこかに疑いの気持ちは残しておくべきなのです。もちろん私自身は根拠があって自分の考えを述べているのですが、仮に資本主義社会が崩壊してしまったら、「この本は間違いだったよ」となってしまいます。逆に資本主義が崩壊すると当てずっぽうに言っていた人でも、本当に崩壊すれば、「だからオレが昔から崩壊するって言ったじゃない」と言えるのです。

お金の運用は、物理の実験や数学の計算のように単純には動かない世界です。経済には理論がありますが、理論通りになるとは限りません。人間の心理や社会構造の変化によって予想できない結果になることが多いのです。だから、将来のことは「わからない」というのが正解です。

その意味では、「必ず」とか「絶対」など、断定的なことを言う人は、玉石混淆の「石」かもしれないと疑っていいでしょう。金融や投資のプロなら、不確実性を身に染みて知っているので、常に「自分の言うことは間違っているかもしれない」ということを考慮したうえで発言します。「絶対にこうなる」と断言するのは、占い師や予言者のようなものです。

そもそも「銘柄予想」は成り立たない

投資の世界には、「面白いけれど役に立たない話」がゴロゴロしています。

たとえば株の値上がりについて、連想ゲームのようなことを言う人がいます。阪神が優勝すると値上がりする銘柄があるといった予測です。

雑誌などで株式評論家が個別の銘柄を強く推奨するなら、本当は「この株を推奨した評論家の成績はかくかくしかじか」と結果が開示されなければおかしいのですが、誰もそういうものを検証しない。

「何とかさんのおすすめはこの三銘柄」などの記事には、だいたいいつもセブン&アイやファーストリテイリング（ユニクロで有名な会社）のような、有名な会社が入っています。理由を見ると「顧客志向が強い」とか、「節約志向にマッチ」などと書いてあります。セブン&アイやファーストリテイリングがいい会社であることなど誰でも知っています。「確かにそうだよね」と納得しやすい。無名だけれどがんばっている会社の株をすすめても、「何の会社?」とか「全然知らない」となり、記事として面白くない。業績に関係なく、いつも「推奨銘柄はトヨタ自動車」と言う人もいます。トヨタが赤字だったら「このような下げ局面は買いだ」と言えばいい。つまり、なんとでも言えるわけです。

結果を誰も検証しないのですから、結局「言ったもん勝ち」。いかに面白いストーリーを書けるか、万人を納得させられるわかりやすい理屈を言えるかが勝負になります。こうなってくるとインベストメントではなく、エンターテインメントです。

そもそも銘柄予想自体、基本的に行動の指針とすべきではありません。

たとえば雑誌に銘柄推奨が出て、それが本当にいい銘柄だったら、その雑誌が出た瞬間に株価が上がってしまいます。日経新聞の朝刊で、「どこそこ会社が業績絶好調」という記事を読んで、「これは買いだ」と思ってももう遅い。市場が始まるまでには、それが株価に織り込まれているからです。すべての情報は先取りで織り込まれて今の株価があるので、予想はそもそも成り立ちません。

「明日すごい決算が出るんだ。今日のうちに買っておいたほうがいい」

というように、内部情報をもとにしたインサイダー取引なら儲かるでしょうが、それは残念ながら違法であって犯罪行為です。

先にお話ししたように、本当に儲けるためには、みんなが「あの会社はダメだ」と言っているときに買い、「あの会社いいよね」と言い出したら売らなければいけない。それができる人はおそらくすでに実行しているから、それを七〇〇円ぐらいで売っているマネー誌などにあっさり書くわけがありません。

もちろんごく少数ではありますが、本当に緻密に情報を調べて、「みんながこう言っているけれど、オレの推論からするとこれはおかしいはずだ」といった鋭い分析をするアナリストもいます。それでも勝率一〇割の人はいません。「この人の予想を聞いて投資すると、六割ぐらい儲かって四割ぐらい損をするから、聞いたほうがいいだろう」という程度です。

当たらない予想を断言するエコノミストたち

毎年一月の日経新聞では、経営者や識者やエコノミストたちがずらっと並んで「新春予想」を発表します。一人が五つぐらいの有望銘柄を挙げて、さらに日経平均の高値・安値と、為替を予測するのが恒例です。同じ銘柄を何人が挙げたかで総合順位も出します。ちなみに二〇〇八年まで五年か四年連続で、有望銘柄のトップはトヨタでした。

そんなふうに名前の挙がった上位一〇銘柄を、全部均等に買ったとします。一年後に、ＴＯＰＩＸと比較してどちらが高いか比べてみると、ＴＯＰＩＸのほうが高いのです。私はこの二年検証してみましたが、二年ともそうでした。つまり、新聞の言う通りに投資していたら、平均より負けてしまうということです。

為替の予想が全然当たらなかった年もあるし、当たる年もあります。結局、当たるか当たらないかはほぼ五分五分です。

私自身、「今年はどんな年になりますか」とか、「今年の秋以降の日経平均の推移をどう見ますか」などと聞かれることもありますが、正直、確信をもって言えることはごくわずかしかありません。

「基本的にはわかりませんけれど、材料としてはこのような上がる材料と下がる材料があります」

せいぜい言えるのはそこまでです。「今年の日経平均は一万三〇〇〇円」などと断言するのは、相当大胆だと思います。なぜなら本当にそう思っているのなら、自分のお金で投資をすればよいからです。そこまでの自信はなくても断定している。よっぽど忘れっぽい性格でないとできない仕事です。

ちなみに金融危機が起きる前の二〇〇八年の年初のマネー誌などを見ると、一番弱気な人でも、日経平均の高値は一万三〇〇〇円ぐらいと予想しています。ましてや一万円を割るなどとは誰も思ってもみませんでした。ところがその後はご存じの通り、七〇〇〇円台まで下がりました。

なぜこんなにみんな当たらない予測を断言できるのでしょうか。それは後から責任を追及されないからです。

半年後に検証することなどを条件にしたら、誰も引き受けないに違いありません。

強気な予想か弱気な予想かがアナリストの個性によって決まることもしばしばです。武者隆司さんという強気で有名なアナリストがいます。「強気で有名」というのも考えてみればおかしなことなのですが、武者さんの場合、それが「キャラ」になってしまっている。当たる当たらないではなく、どういう分析をするか、予想よりむしろそのロジックが注目されているのです。

二〇〇八年秋の世界金融危機を当てたことを吹聴している専門家もいます。しかし、発言をたどってみると、そういう人はずっと前から「恐慌が来る」と言い続けている。こういう人を「止まった時計」と言います。一日二回は正しい時を示す、ずっと言い続けていれば、いつかは当たる。そんな人も多いのです。

初心者にはおすすめしない個別銘柄投資

私が導き出した結論は、自分で銘柄を選んで株式投資はしないほうがいいということです。少なくとも投資の初心者が、個別銘柄に投資するのはやめたほうがいい。

もちろん世の中には銘柄を選んで儲けている人もいます。でも私は、普遍的に利益を上げ続けるような株式投資や銘柄選択の方法は存在しないと思います。

前にも登場したウォーレン・バフェットは株式投資一本で、しかもそれに三〇年も四〇年も成功し続けている、神様のような例外的な人です。

彼は自分なりの分析手法を確立していて、誰がなんと言おうとその手法でしか投資しません。ＩＴバブルのとき、「私はＩＴがわからないから、ＩＴ系の会社には一切投資しない」と言ったら、その後ＩＴ企業の株価が一気に上がり、「ウォーレン・バフェットはバカだよな」「やっぱりもう爺さんだからダメなんだ」とみんなに言われました。

そして、のちにＩＴバブルが崩壊したときには「さすがはバフェット」と言われた。金融危機の最中にもバフェットはゴールドマン・サックスに出資したりして、「あんなところで買ったらバカだ」などと言われています。しかし何年かたったら、「やはりバフェットはすごい」ということになるかもしれません。あるいは逆に、「バフェットはあの時点でダメになっていたんだ」と言われるかもしれない。

そのバフェットも自分の会社の株主総会のときに、こんなことを言っています。

「自分は銘柄を選んで投資してきたけれど、もし個人投資家が自分で投資をしたいと思うのなら、世界経済全体に投資するようなインデックス運用をしたほうがいい」

「私のような方法は私だからできたことで、正直言って、誰でもできる方法ではない」

彼は別に驕《おご》っているのではないと思います。個別銘柄投資で成功するのは、それぐらい難しいことだと言いたいのではないでしょうか。

もしどうしても株で資産をつくりたいのなら、ある程度ほかの金融商品に投資をしながら、そのかたわらで勉強を続け、十分な知識を得てから始めても全然遅くありません。慌てて株式銘柄選択をやる必要はありません。

それよりもっとほかにやることはあります。当たるか当たらないかわからない銘柄を選んでいるのだったら、自分の資産状況をもっとマメに管理するとか、長く続けられる仕組みをつくるとかしたほうがいいのです。

それでも止められない株式投資の魅力

それでも多くの人が株式投資をするのは、それが面白いからです。

投資というと、銘柄を研究したり、世界経済の動向についてのセミナーを聞きに行ったりして、「これからは中国株が有望」「日本株はもう買わないほうがいい」など、いろいろな情報をインプットして行うようなイメージがあります。

これらはいかにも「投資してます！」という気がして面白いものです。個別の会社の決算を見たり、マネー誌を読んで自分なりに予測を立てたりして、うまくいけば自分自身うきうきするし、人に話していても張り合いがあります。

これに対して、長期分散投資は全体と一緒に成長していくことに賭けるものなので、個別の詳しい情報は必要ありません。全体と足並みが揃っているかどうか、大きくずれていないかだけをチェックすればいいのです。

個別株への投資が「これだけ飲めば健康になれます」という速効性をうたう栄養ドリンクだとすれば、長期分散投資は「規則正しい生活をして栄養バランスに気をつけて、年に一度は健康診断を受けましょう」というアドバイスといったところでしょうか。

投資信託を積み立てで機械的に買っているよりは、個別の銘柄を選んで、値上がりに一喜一憂するほうがスリルがあって面白いかもしれません。

私も、遊びというか、知的な趣味として行う株式投資までやめろと言うつもりはありません。

本書は、長期的に資産を増やすことを目的として書いているので、労力をかけるわりには実りが少ない（むしろマイナスになることが多い）株式投資はおすすめしない、ということなのです。

株主優待は「リターン」ではなく「お楽しみ」

株主優待についてはどう考えたらいいでしょうか。

実は人気のある株主優待を実施している会社の株価は割高になりがちです。株主優待がほしい人がその株を買うためです。優待目当ての人にとっては、株価が下がろうが上がろうが関係ありません。

株主優待をつけておけば個人投資家は買ってくれるし、売らないでいてくれる。ということは会社からすると、株価対策としては効果的なものだということになります。

最近は株主優待に工夫をこらす会社も多く、ユニークな例ではエイベックスのように株主だけの限定ライブをやってくれるところもあります。ファンにとってはお宝チケットですが、会社としては自社のアーティストにちょっと歌わせるだけで個人株主を増やせるのですから、賢い方法です。

つまり株主優待と言うけれど、結局は会社の利益のためにしていることと考えていい。物をもらったり、特別扱いされたりするのに弱いという人間の心理を利用した、巧みなトリックと言うこともできます。

株主優待は、投資のリターンとしてカウントすべきものではなく、投資の世界とは別のお楽しみ、エンターテインメントだと考えるべきでしょう。

「一〇〇年に一度の危機」も歴史の繰り返しの一場面

投資においては、「歴史は繰り返す」ということも知っておく必要があります。

二〇〇八年には世界金融危機の影響で世界的に株価が大きく下がりましたが、この危機を脱しても、きっとまた同じような大変動が繰り返されます。バブルも再びやってくるでしょう。

その理由は人間の感情にあります。人間は、欲望と恐怖の間を常に行ったり来たりしているからです。

金融危機直後は、恐怖感が世の中を支配しているから、みんな過剰に縮こまって「羹《あつもの》に懲りて膾《なます》を吹く」状態になっています。

でもまたある程度時間がたって、再び株価が上昇を始めると、次第にまた、「なぜ買わないの?」「買わないと損だよ」「ぐずぐずしていると乗り遅れるよ」という欲望に支配されてしまう。

この行ったり来たりを何回も繰り返すのが相場です。だからそんな世の中の動きの逆をいけばすごく儲かるのですが、それができないのはもう何度も申し上げた通りです。

「歴史は繰り返す」ということから私たちが得なければいけない教訓とは、「人の言うことに躍らされない」ということです。

二〇〇八年の金融危機は「一〇〇年に一度」と言われましたが、私はちょっと大げさだと思っています。見たことのない新型ウイルスが出てきたというよりは、「いつもは風邪で済むんだけど、今回は肺炎になってしまった」というようなレベルでしょう。みんな

「今回は違う」と言いますが、それでも長い目でみれば、繰り返しのなかの一つにすぎません。

ということは、いずれは回復する。であれば、みんなが恐怖感を持っているときに安く買ったほうがいい。といっても、全財産をつぎ込めばいいというわけではありません。リスクをコントロールしながら慎重に投資する。そして長期で成果を狙っていくべきものなのです。

負けないことを目指すゲーム

私は投資とはマラソンのようなもの、それも勝つことよりも負けないことを目指すマラソンだと思います。

「投資マラソン」において大事なのは、人を追い抜くことではありません。ゆっくりでもいいから、自分のペースで完走することです。完走とは、「六〇歳で一億円」というゴールがあったら、ゴールまでやめずに走っていくこと。面倒くさくなって、レースを棄権する人もいます。途中で飛ばしすぎて脱落してしまえばそこでレース終了です。そうではなく、一〇年単位の時間をかけて走る長距離マラソンだと思って、ずっとレースに参加し続けることがすべてなのです。

チャールズ・エリスというアメリカの投資コンサルタントが書いた『敗者のゲーム』（日本経済新聞出版社）という本があります。いわゆる世界経済運用の教祖本のような存在で、その中で彼は「投資とは敗者のゲームである」と言っています。

たとえばテニスの試合において、プロ同士と素人同士では勝負の決まる理由が全然違うと言います。プロ対プロの試合では、スマッシュとか、サービスエースとか、勝者のプレイが勝敗の決め手になることが多い。これが「勝者のゲーム」です。

一方素人対素人のテニスでは、敗者が勝負を分けるきっかけをつくります。どちらかが球をネットにひっかけたり、コートから出てオーバーになるなど、ミスを犯す敗者が勝敗を決めるから「敗者のゲーム」。

ということは、素人同士のゲームで勝つためには、必ず相手のコートに球を返せばいい。自分は球を確実に返してさえいれば、そのうち必ず相手がミスをするから、それを待つ。サービスエースを決めようとか、速いスマッシュを打とうと思わなくていい。

資産運用もそれと同じです。「二倍にしてやろう」とか、「この銘柄で一儲け」などと思わずに、過剰なリスクをとらないで運用していけば、自分の資産はきちんと守れる。つまり長期分散投資は敗者のゲームにほかならないのです。

途中でやめない仕組みをどうつくるか

ではどうしたら投資を長く続けることができるのか。

まず定期的にチェックする仕組みをつくることです。

チェックは一年に四回程度で十分です。

「この日は資産をチェックする日」というように、覚えやすい日付を決めておくとよいでしょう。見直してみたら、当初は増える予定だったのに、実際は九〇％に減っていたりするかもしれない。

また年に一度は資産の比率の調整を行います。チェックして資産の比率に変更を加えるのは、年に一度ぐらいがちょうどいいでしょう。それより頻繁に変更してばかりいると、世の中の動きに振り回されてしまうからです。

たとえば二〇〇八年秋の世界金融危機の直後だったら、「投資なんかやめたほうがいい」というムードが濃厚ですし、その二、三年前だと、「やっぱりこれからは中国が有望だ」などというムードでした。あまり頻繁に見直しをして、それらをいちいち投資に反映させているると痛い目に遭います。

かといってオリンピックのように四年に一回ぐらいでは間隔があきすぎですし、一〇年たってから間違いに気がついてもリカバリーのしようがありません。

やはり年末に締めて一年を振り返り、正月に「今年も頑張ろう」と決意を新たにするのが、人間のリズムにも合っているのではないでしょうか。年末になると、テレビや新聞なども、一斉に今年一年を振り返る企画を特集します。それに合わせて自分の資産状況も振り返り、見直しをして、調整する習慣を身に付ければ忘れることはありません。

少しぐらい失敗しても水に流して、また次の年から新しいスタートを切る。チェックは年四回、見直し・変更は一年単位で行うのがいいと思います。

また前にもお話ししたように、定期的なチェックには、ともかく簡単に済む仕組みをつくることが大事です。投資を始めた当初は、みんな一生懸命にチェックしたり記録したりします。しかし、それも必ず面倒くさくなります。そこで挫折しないためには、管理に手間がかからないようにする必要があります。

また新たに投資する資金も、自動的に積み立てて買う方法を取り入れれば、手間がかかりません。

たとえば給与振り込みの銀行口座から毎月何万円かを自動的に証券会社に移して、そこで投資信託を自動的に買い付けできるサービスもあります。これなら初めに一回手続きするだけで、後は何もしなくていい。

第1章で銀行口座を一つにして家計管理をする方法を紹介しましたが、この方法を組み合わせれば、手間をかけずに、お金の管理がすべてできるようになります。

損を認めたくないのは人間共通の心理

投資が長続きしないもう一つの理由は、損をすることです。

それも、「損をしたからもうやめよう」と自分なりに判断してやめるというよりも、損をした→結果を見るのがイヤ→見直しをしないで放置する→ずるずると資産が目減りして、なし崩し的にやめる、というパターンが圧倒的に多いのです。

損をしているときに、結果を見るのは誰でもイヤなものです。

でも本当は、うまくいかないときこそ、「損切りするのか」「違うものに投資するのか」「今はチャンスと考えて追加投資するのか」といったことを考えなければいけない。

むしろ相場が上がっているときは、いくらになっているかを見ないほうがいいくらいです。なぜなら上がっているときに見るとつい売ってしまうからです。

このような人間の心の動きも、前に出てきた行動心理学で説明できるのです。これは二〇〇二年にノーベル経済学賞を受賞したダニエル・カーネマンという人が唱えた「プロスペクト理論」というものです。

簡単に言うと、「人間は、利益は確定したがるが、損失は確定したがらない傾向がある」という理論です。

たとえば次のA、B二つのどちらかを選べることになったとしましょう。

A：必ず八〇〇万円もらえます。八〇〇万円、今日持って帰ってください。

B：一〇〇〇万円差し上げます。ただし、一五%の確率で出口でそれを回収されます。

あなただったらどちらを選ぶでしょうか。

「どちらがいいですか」と聞くと、ほとんどの人は、Aを選ぶそうです。ひょっとしたら回収されてゼロになってしまうかもしれないよりは、必ず八〇〇万円もらえるほうがいい。私もそう思います。

でも期待値を計算すると、Aは八〇〇万円、Bは八五〇万円になります（ゼロになる確率が一五%だから、一〇〇〇万円もらえる確率は八五%）。期待値で考えるとBを選ぶほうが合理的なのです。

では、今度は何か失敗して罰金を払う羽目になり、次のCかDの二つを選ぶことになったとしたら、どうでしょうか。

C：絶対八〇〇万円払ってください。

D：一〇〇〇万円払ってください。その代わり一五％の確率でゼロにします。

どちらを選ぶかと聞くと、今度はみんなDを選びます。「もしかしたら払わなくてもよいかもしれない」と期待するからです。Cはもう八〇〇万円払うことが決定的で、変わらない。「どうせ八〇〇万円も一〇〇〇万円もたいして違わない。あわよくばゼロになるならDがいい」という心理です。

でもこれも期待値を計算すると、Cはマイナス八〇〇万円で、Dはマイナス八五〇万円だから、Cを選ぶほうがマイナスが少なく合理的なのです。

このように人間は利益を得るときは、期待値が低くても必ずもらえるほうを選びがちです。これは、一時的な利益を得るために、本来だったらもっと長く保有すべき株や投資信託を売ってしまうケースです。

一方、損をするかもしれないときは、損が確定するのがイヤだから、結論を先送りする。

これは投資状況を見直さないまま、資産をずるずると目減りさせてしまうケースです。

このように人間の行動には、合理的でないところがたくさんあります。これを完全に克服するのは難しいのですが、対応策はあります。

これまでお話ししてきたように、そもそも損をしても致命的なダメージにならない、やめないで済む程度の投資額に抑えること。そして気が重いときでも簡単に済ませられるチェックの仕組みをつくること。この二点を守るだけで、「損をしたからやめてしまう」という事態を防ぐことができます。

まずは一万円で外貨MMFを買ってみる

世界に投資を始めると、為替と株価の動きに敏感になります。これはビジネスパーソンの金融リテラシーとしても役に立ちます。

この感覚は、毎日為替レートや株価を見て、ノートに数字の推移を記録しなくても、自腹を切って投資してみれば自然に身につきます。

たとえば外貨MMFという投資信託がありますが、これは一万円で買えます。ドルとかユーロとかオーストラリアドルなどの通貨が選べます。

わずか一万円でも自分のお金で投資してみると、次の日から自然に為替のニュースを見るようになります。それまで為替のニュースなど気にも止めなかった人でも、ユーロの外貨MMFを一万円分買ったとたん、「ユーロが一二七円六〇銭までいった」というように、端数にまで敏感になる。

あるいは、日経平均やTOPIXに連動したインデックス投信を買うと、一万円分買っただけでも、「今日の日経平均はいくらか」と株価が気になるようになります。

やはり身銭を切ることとは、何よりも勉強になります。一万円だったら、すごく安い勉強代です。しかも一万円はたんに勉強代として消えてしまうわけではありません。増えることも十分あり得ます。だからやってみない手はありません。

そしてもっと本格的に投資をやってみたい、と思ったら、資産の理論を本で勉強しながら投資する金額をふやしていってください。投資では理論と実践の両輪をバランスよく回転させることが重要です。私も長期で資産運用をするための具体的な方法について詳しく解説した本を出版していますので、参考にしてください。

投資の本はたくさんあっても、役に立つものは少ないのが現実です。《「短期で」「簡単に」「絶対に」儲かる》といったあり得ない内容の本は避けるようにすべきです。

おわりに

本当に必要な知識はシンプルで少しだけ

これからは、仕事よりもお金の知識のあるなしが人生を大きく左右する時代です。

その代表例が、年金です。これからは、日本でも401k（確定拠出年金）というものが増えてきます。この年金では、運用商品をどれにするか、自分で選ばなければいけません。どの運用方法を選ぶかによって、老後に受けとる年金額が変わってくるということです。また今までの経済成長期に積み上げてきた資産をいかに有効に活用するかが、これからの日本人の重要なテーマです。ストックの活用法がわれわれの未来を決めるのです。

お金についての正しい知識がないと、仕事でいくら稼いでも、お金の知識のある人より資産が少ないという事態になりかねません。

とはいっても、お金に関する正しい知識とは、何も小難しい理論や最新の世界経済情勢を知ることではありません。この本の第2章で紹介したような、シンプルな原則さえ知っていれば十分です。

私が知り合いに投資をすすめると、必ず「日経新聞やマネー雑誌は読まなくていいんですか」とか、「最低限、どういった勉強をしておいたらいいですか」といった質問を受けます。しかし特別な努力は何も必要ありません。投資について言えば、最低限、本書でお話しした、

・絶対に儲かるうまい話はない
・コストを下げるのが着実にリターンを上げる方法
・未来を予想しても当たらない
・知識がないのに株式投資をやっても勝てない
・有名な会社の株は、すでに値段が上がってしまっていることが多い
・新聞などに載る企業のプラス情報は、すでに株価に織り込まれている

……といったことだけ知っておけばいい。だからオプションの理論とか、新興国の経済情勢に詳しくなくてもまったく構わないのです。

経済についての知識がゼロでは困りますが、マニアックに勉強するほどのことはありま

せん。

あまりにも詳しくなると、「今年の中国のGDPの伸びは八％を割り込みそうだ」「米国の政策金利はこれから上昇するのか」というような専門的なことが気になってしまう。

しかし、長期分散投資には、そのような予測は必要ありません。明日中国で何が起ころうが関係ないし、今年の中国のGDPの伸びなどもたいして関係ない。また特定の国に集中して考えるよりも、世界全体で見たとき五年後とか一〇年後には今よりもよくなっているかどうか、自分なりの意見が持てればいいのです。

実は明日のことよりも、一〇年後のことのほうがよくわかります。明日、株が上がるか下がるかなどわからない。はっきり言って五分五分です。でも「一〇年後、中国の株は今より上がっていますか、下がっていますか」と聞かれたら、私は経済成長の結果、上がっている可能性が高いと思います。

仕事で必要なら、日経新聞や経済の本を読んだほうがいい。しかし長期分散投資で老後資金をつくろうと思っている人は、焦ってカリカリ勉強したり、目先のことにくよくよしたりする必要はありません。

お金の悩みは自分の努力で解決できる問題

この本は、二〇代後半から四〇代半ばぐらいの人を主な読者層と想定して書きました。悩みのない人間などこの世にいませんが、この層は、特に悩みの多い年代だと思います。仕事、人間関係、家族、恋愛など、みんな何かに悩んでいる。

私が思うに、人生の悩みは、自分でどうにかできる問題と、自分ではどうしようもない問題の二つに分けられます。自分でどうにか解決できる問題は、いつまでも悩んでいないで、さっさとなんらかの手段を講じるに限ります。

なかでもお金の悩みは、これまで書いてきたように、自分の努力によって解消できる悩みです。

こんな時代ですから、みんな「将来不安だな」「老後は大丈夫なのか」と毎日モヤモヤしている。でもそれは悩みが漠然としているからです。具体的に何が不安なのかわからないと、何をすればいいのかもわからない。

大前研一さんが書いています。

「みんな、なぜそんなに貯金するの？」と言うと、「いや、いざというときのために」と答える。

「いざというときっていつ？」と聞くと、「いざというときはですね……」と口ごもってしまう。そしてしばらく考えたのち、「老後、自分が死んでしまったときが、いざというときでしょうか」という答えが返ってくる。

「それは何が困るの？　葬式代が困るわけ？」

「葬式代、困りますよね」

「それじゃ、葬式代って、いくらかかるか知ってる？」

「考えたことがありません」

このように、質問によって不安の中身を分析していくと、常日頃不安に思っていることについて、ほとんどの人が、実は何も具体的に考えたことがないという事実に気づかされると言います。

ちなみに平均的な葬式の費用は二五〇万円です。毎日の生活に困らないなら、二五〇万円だけ貯金があれば、あとは全部使ってしまってもかまわない。そう考えることもできるのです。

人間はイヤなことを直視するのが怖いものです。なんだか曖昧にしておきたい、現実を直視するのは先送りしたい。でもそれでは、ずっと不安なままです。

お金に対する不安感も、「じゃあ将来って何年後？」「老後って何歳から？」「お金はいくらあればいいの？」「老後に何が必要なの？」「それはいくらするの？」と想像したり調べたりしながら一つひとつ必要な金額を具体化していけば、「だいたいこれぐらいあればいいのか」と見当がつきます。それを直視できれば恐怖は薄らぐのです。

お金の不安についてだけでなく、何か困ったことがあったら、細切れにしてみることが大事です。「自分は今悩んでいる」と大ざっぱにくくらずに、絡まったモヤモヤをていねいに解きほぐしていけば、それを一つずつつぶしていくことができる。

山歩きをしていると、よく、階段のついた坂道があります。一段ずつ登って、気がつくと、「えっ！　こんなに登っていたの？」と驚いた経験はないでしょうか。

いきなり山の頂上を目指せと言われると、「そんなの無理だ」と怖じ気づいてしまいますが、「まずは一〇段だけ登ってみましょう」と言われると、簡単に登れるような気がしてきます。

小さな目標をつくって積み上げていくと、意外とラクに達成できることと、気がかりなことを一つずつつぶしていくことはなんだか似ています。

「人生は金じゃない」が、ないと何もできない

この本ではお金とのつきあい方についてお話ししてきました。

最後にあらためて考えたいのは、「お金とは何か?」ということです。

最初は家を建てようとか、何か具体的な目的があって貯金を始めますが、そのうちお金を増やすこと自体が目的になってしまう人が少なくありません。その結果、死んだとき使い切れない資産だけが残ってしまう。

私はお金は目的達成のための手段と考えるのが一番いいと思っています。

「人生、金じゃない」

「金より大事なものがある」

「愛は金じゃ買えない」

と言う人がいます。でもこの世の中では、お金がないと何もできないのが現実です。だからお金は大事です。

かといって、あまりお金にいろいろな意味を込めすぎてはいけない。お金は目に見えてわかりやすい。人と比べることも簡単です。だから成功や幸福の基準だと勘違いされます。

また、きれいなお金とか、汚いお金とか、過剰な意味づけがされがちです。

しかし、お金にきれいも汚いもありません。ただの道具だと思ったほうがいい。だから自分がやりたいことを実現するのに必要な額が手に入ればいい。

あなたの夢をかなえるにはいくら必要か？

お金を貯めることそのものを目的にしないためには、やはり人生の夢や目標、自分は何をしたいのかということをはっきりさせることが重要です。そのためには、ざっくりとでいいので、いつまでにいくら必要なのかという数値化が必要だとお話ししました。「金額」と「達成時期」です。

たとえば、「マイホームを建てたい」という夢があるとしても、七〇歳になってから家を建ててもしょうがない。やはり子どもが小さいときに、庭付きの家で一緒に遊んだりしたいから建てたいわけです。

「いずれはマイホームがほしい」のであれば、「いずれっていつ？」「マイホームってどんな家？」「一戸建て、それともマンション？」「中古？　新築？」と、どこまでも具体化していく。

そうやってほしいものが明確になれば、「この家は三〇〇〇万円頭金があれば買えるんだ」

と数値化できます。そこで「三〇〇万円、どうやって準備しよう」という次の段階に上がれます。そこまできて初めて、今度はお金をどうつくるかという、投資の話になるのです。

この本では一億円を目標に掲げました。老後にそれだけの備えをすることが、自分のやりたいことをやり、人生の価値を高めるのに必要だと思ったら、もちろんそれを目指してください。でも、人生の夢をかなえるためにそれほどはいらないのであれば、それを目指す必要はありません。

自分にはどれだけのお金が必要なのか。それを考えて、必要な具体的なアクションを起こすことで、将来の不安は消えていきます。それによって、今の自由も手に入ります。

小さな行動から人生を変える。本書がそのきっかけになれば幸いです。

あとがき

投資セミナーで出席者の方に「いくらあれば将来安心ですか？」と聞くと、皆さん「1億円」と答えます。確かに1億円つくることができれば、安心できる生活が実現するかもしれません。しかし、どうやったら1億円手に入れられるか、本書で書いたような具体的な方法まで考えて、実践している人は、残念ながらほとんどいないのです。

1億円と5000万円では手に入れるための方法が大きく異なります。どうやって1億円手に入れるのか、その具体的な方法を考えているうちに、もしかしたら本当は1億円必要ないことに気づく人もいるかもしれません。

お金は、たくさんあればよいというものではありません。必要以上のお金を手に入れて不幸になってしまった人がたくさんいることからも、それはよくわかると思います。大切なのは、自分に必要なお金が「いつまでにいくら」かを知り、その実現方法を考えることです。それが1億円なら1億円つくる方法を、5000万円なら5000万円を手に入れる方法を実践すればよいのです。それによって、得られるのは「将来の安心」だけではありません。必要ないことはやらなくてよいという「今の自由」も手に入れられるのです。

あなたにとって必要なのは、「いつまでにいくら」ですか？

2008年の金融危機によって、お金に対する価値観が変わったという人がいますが、私はそうは思いません。真面目に努力をして、必要なお金を手に入れ、それによって心身共に豊かに生きる人生を送りたいと思うのは、これまでもこれからも変わらない人間の本能です。本書では自分に必要なお金を考えることの大切さ、そしてそれを手に入れるために知っておくべき知識と考え方をできるだけわかりやすくまとめてみました。

本書の制作は幻冬舎の小木田順子さんとの出会いから始まりました。長山清子さんと3

人でチームを組み、1年がかりでようやく原稿を書き上げることができました。今回も仕事の傍ら業務時間外での執筆でしたが、松本大社長をはじめとするマネックスグループスタッフの理解とサポートがあって完成することができました。また、休日や平日の夜、そして早朝の執筆を健康面でサポートしてくれた妻の美砂にも感謝したいと思います。いつもありがとう。

最後に、本書をいつまでも元気でいてほしい両親に捧げたいと思います。

2009年11月

内藤　忍

本書の内容は、著者の個人的な見解を解説したものであり、著者が所属する機関、組織、グループ等の意見を反映したものではありません。また本書の情報を利用した結果によるいかなる損害、損失についても、出版社、著者並びに本書制作の関係者は一切の責任を負いません。投資判断はご自身の自己責任でお願いいたします。

〈年齢別シミュレーション〉 **30歳 金融資産100万円の場合**

● 1億円つくる術

	現在の資産		60歳予想額
7%で運用	1,000,000	➡	7,612,300
4%で運用	1,000,000	➡	3,243,400
1%で運用	1,000,000	➡	1,347,800

	毎月積立金額		60歳予想額
7%で運用	80,000	➡	98,167,000
4%で運用	140,000	➡	97,490,806
1%で運用	240,000	➡	100,794,696

⬇

	合計資産額
7%で運用	105,779,300
4%で運用	100,734,206
1%で運用	102,142,496

● 5000万円つくる術

	現在の資産		60歳予想額
7%で運用	1,000,000	➡	7,612,300
4%で運用	1,000,000	➡	3,243,400
1%で運用	1,000,000	➡	1,347,800

	毎月積立金額		60歳予想額
7%で運用	40,000	➡	49,083,500
4%で運用	70,000	➡	48,745,403
1%で運用	120,000	➡	50,397,348

⬇

	合計資産額
7%で運用	56,695,800
4%で運用	51,988,803
1%で運用	51,745,148

〈年齢別シミュレーション〉**25**歳 金融資産ゼロの場合

● 1億円つくる術

	現在の資産		60歳予想額
7%で運用	0	➡	0
4%で運用	0	➡	0
1%で運用	0	➡	0

	毎月積立金額		60歳予想額
7%で運用	60,000	➡	108,693,648
4%で運用	110,000	➡	100,845,437
1%で運用	200,000	➡	100,610,340

	合計資産額
7%で運用	108,693,648
4%で運用	100,845,437
1%で運用	100,610,340

● 5000万円つくる術

	現在の資産		60歳予想額
7%で運用	0	➡	0
4%で運用	0	➡	0
1%で運用	0	➡	0

	毎月積立金額		60歳予想額
7%で運用	30,000	➡	54,346,824
4%で運用	60,000	➡	55,006,602
1%で運用	100,000	➡	50,305,170

	合計資産額
7%で運用	54,346,824
4%で運用	55,006,602
1%で運用	50,305,170

〈年齢別シミュレーション〉40歳 金融資産600万円の場合

● 1億円つくる術

	現在の資産		60歳予想額
7%で運用	6,000,000	➡	23,218,200
4%で運用	6,000,000	➡	13,146,600
1%で運用	6,000,000	➡	7,321,200

	毎月積立金額		60歳予想額
7%で運用	150,000	➡	78,594,810
4%で運用	240,000	➡	88,319,328
1%で運用	350,000	➡	93,023,875

⬇

	合計資産額
7%で運用	101,813,010
4%で運用	101,465,928
1%で運用	100,345,075

● 5000万円つくる術

	現在の資産		60歳予想額
7%で運用	6,000,000	➡	23,218,200
4%で運用	6,000,000	➡	13,146,600
1%で運用	6,000,000	➡	7,321,200

	毎月積立金額		60歳予想額
7%で運用	60,000	➡	31,437,924
4%で運用	110,000	➡	40,479,692
1%で運用	170,000	➡	45,183,025

⬇

	合計資産額
7%で運用	54,656,124
4%で運用	53,626,292
1%で運用	52,504,225

〈年齢別シミュレーション〉**35**歳 金融資産**300**万円の場合

● 1億円つくる術

	現在の資産		60歳予想額
7%で運用	3,000,000	➡	16,282,200
4%で運用	3,000,000	➡	7,997,400
1%で運用	3,000,000	➡	3,847,200

	毎月積立金額		60歳予想額
7%で運用	110,000	➡	89,627,681
4%で運用	180,000	➡	92,851,794
1%で運用	290,000	➡	98,876,660

⬇

	合計資産額
7%で運用	105,909,881
4%で運用	100,849,194
1%で運用	102,723,860

● 5000万円つくる術

	現在の資産		60歳予想額
7%で運用	3,000,000	➡	16,282,200
4%で運用	3,000,000	➡	7,997,400
1%で運用	3,000,000	➡	3,847,200

	毎月積立金額		60歳予想額
7%で運用	50,000	➡	40,739,855
4%で運用	90,000	➡	46,425,897
1%で運用	140,000	➡	47,733,560

⬇

	合計資産額
7%で運用	57,022,055
4%で運用	54,423,297
1%で運用	51,580,760

幻冬舎新書 148

60歳までに1億円つくる術

25歳ゼロ、30歳100万、40歳600万から始める

二〇〇九年十一月三十日 第一刷発行
二〇一〇年十一月二十日 第十刷発行

著者 内藤 忍
発行人 見城 徹
編集人 志儀保博

発行所 株式会社 幻冬舎
〒一五一-〇〇五一 東京都渋谷区千駄ヶ谷四-九-七
電話 〇三-五四一一-六二一一(編集)
〇三-五四一一-六二二二(営業)
振替 〇〇一二〇-八-七六七六四三

ブックデザイン 鈴木成一デザイン室
印刷・製本所 株式会社 光邦

検印廃止

Printed in Japan ISBN978-4-344-98149-2 C0295
な-8-1

幻冬舎ホームページアドレス http://www.gentosha.co.jp/
*この本に関するご意見・ご感想をメールでお寄せいただく場合は、comment@gentosha.co.jp まで。